이스라엘의
가자 학살

Israel's War on Gaza
by Gilbert Achcar

이스라엘의 가자 학살

질베르 아슈카르 지음
팔레스타인 평화 연대 옮김

차례

팔레스타인 지도

아카
하이파
나사렛
제닌
툴카렘
나블루스
칼킬리야
텔아비브
야파
람레
서안 지구
라말라
여리고
예루살렘
베들레헴
가자 시티
데이르 알-발라
가자 지구
칸유니스
라파
헤브론
베르셰바
나깝 사막
팔레스타인
이스라엘

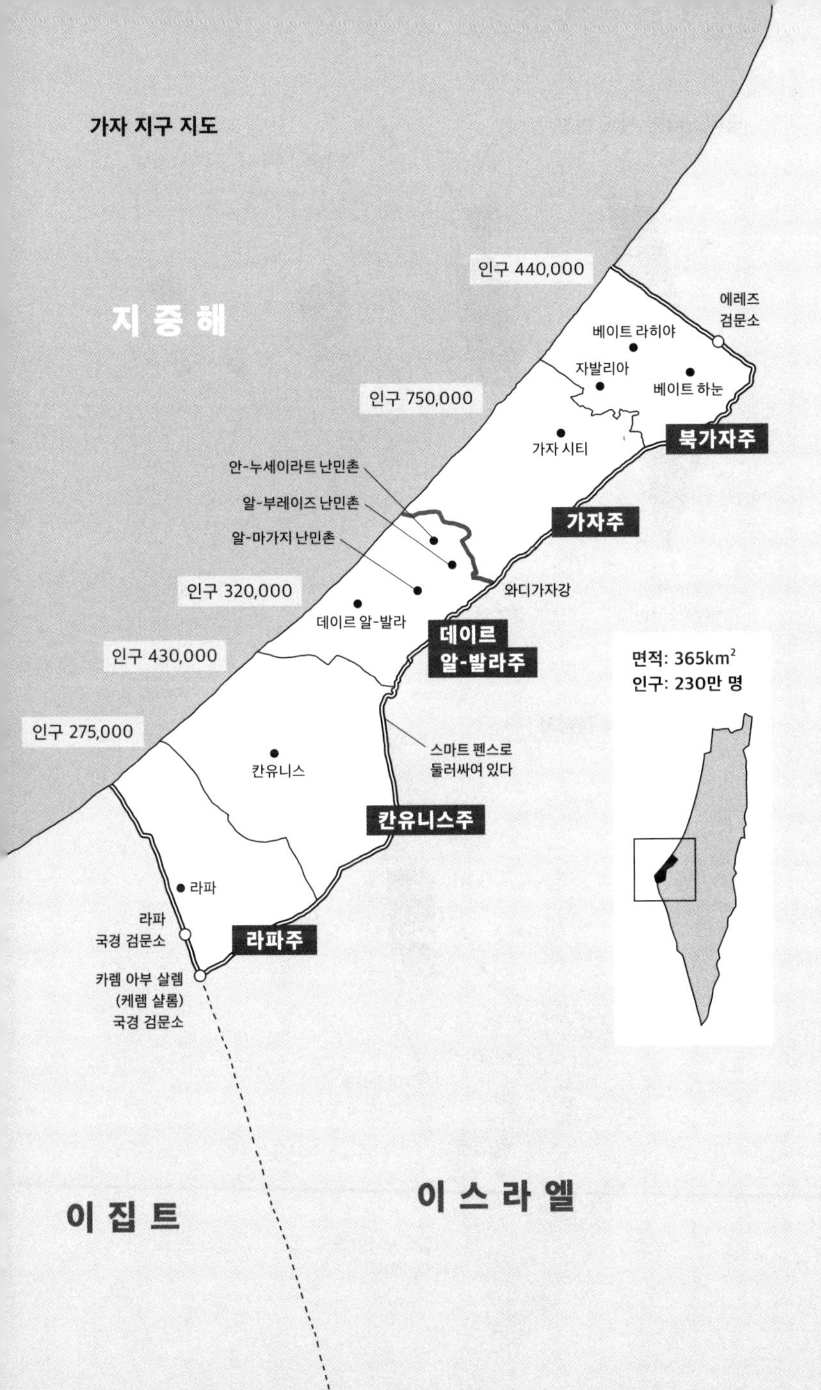
가자 지구 지도
지중해
인구 440,000
에레즈
검문소
베이트 라히야
자발리아
베이트 하눈
인구 750,000
가자 시티
북가자주
안-누세이라트 난민촌
알-부레이즈 난민촌
가자주
알-마가지 난민촌
와디가자강
인구 320,000
데이르 알-발라
데이르
알-발라주
인구 430,000
면적: 365km²
인구: 230만 명
인구 275,000
칸유니스
스마트 펜스로
둘러싸여 있다
칸유니스주
라파
라파
국경 검문소
라파주
카렘 아부 살렘
(케렘 샬롬)
국경 검문소
이집트
이스라엘

팔레스타인 지도 변천사

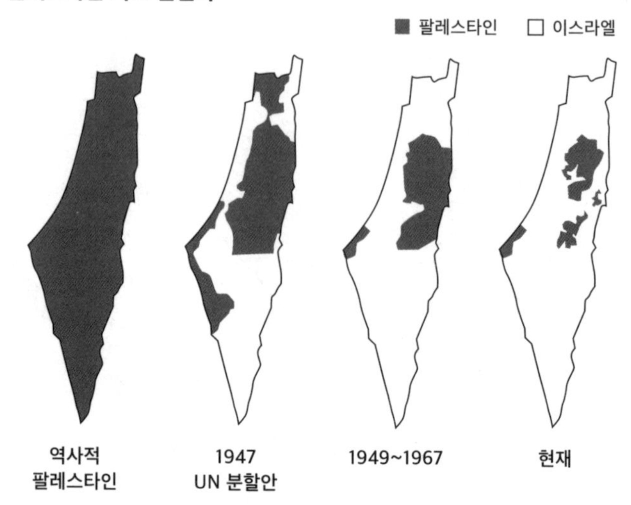

이스라엘의 중동 점령사

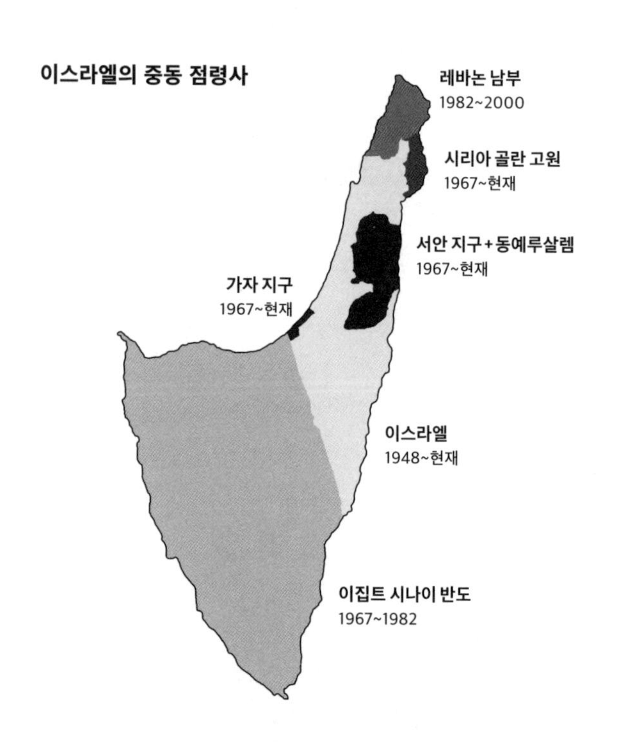

들어가며

2023년 10월 7일 이슬람 저항 운동Islamic Resistance Movement(하마스)은 알-아크사 홍수 작전을 개시했고, 이스라엘은 이를 빌미 삼아 가자의 팔레스타인 인민을 상대로 그 어느 때보다 살인적인 맹공을 가했다. 가자에서는 365제곱킬로미터의 좁은 땅에 약 230만 명이 살아가고 있었다. 가자는 지구상에서 인구 밀도가 가장 높은 지역 중 하나다. 제곱킬로미터당 6,510명이 거주했고 높은 비중을 차지한 것이 어린이였다. 집단 학살의 양상을 보인 이번 살육의 첫 6주간 14,000여 명이 살해되었는데 그중 어린이가 5,600여 명(40퍼센트)이었다.

이 책에는 현재 전개 중인 사건들에 대한 다섯 편의 글을 실었다.[1] 1장은 알-아크사 홍수 작전Operation Al-Aqsa Flood 다음 날인 10월 8일에, 2장은 10월 16일에 작성한

1 〔옮긴이〕 지은이가 설명하듯 이 책의 원서는 2023년 10~11월에 발표한 다섯 편의 글에 2009년의 인터뷰를 추가해 2023년 말에 출간되었다. 지은이의 요청으로 한국어판에는 그가 12월에 『알-쿠드스 알-아라비』에 기고한 글 두 편을 6~7장으로 수록했다. 6~7장의 출처는 해당 글 첫 부분에 각주로 밝혀 두었다.

것이다. 두 글 모두 내 블로그(내 웹사이트인 gilbert-achcar.net에서 확인할 수 있다)에 처음 게시했고 이어 각종 영어 웹사이트에 게재되고 여러 언어로 번역되었다. 3장은 10월 23일 잡지 『뉴 라인즈』*New Lines*에 처음 발표되었고, 마찬가지로 여러 웹사이트에 게재되고 번역되었다. 4~5장은 런던에서 발행되는 일간지 『알-쿠드스 알-아라비』*Al-Quds al-Arabi*에 매주 기고하는 칼럼 중 10월 31일 자와 11월 28일 자를 아랍어에서 영어로 번역한 것이다.

마지막 장인 6장〔한국어판으로는 8장〕은 현재 진행형인 학살의 배경 일부를 밝히는 글이다. 2009년에 『아이리시 레프트 리뷰』*Irish Left Review* 지면에서 대니얼 핀과 나눈 이 인터뷰에서 나는 작금의 전쟁과도 깊이 관련된 아래의 내용을 설명했다.

> 이미 2006년의 33일 전쟁은 이스라엘의 오랜 전쟁사에서 가장 악랄한 공격이자 가장 악랄한 권력 활용이었습니다. 민간인 지역을 포함해 레바논 전역에 융단 폭격을 가했죠. 그때나 지금이나 구실은 전투원들이 주민 틈에 숨어 있다는 것입니다. 이보다 위선적인 논리가 있을까요? 전투원들이 황무지 같은 곳에 재집결해 '이곳을 폭격하시오'라는 푯말이라도 박아 놔야 한다는 걸까요? 말도 안 되죠. 진실은 이스라엘이 〔레바논과 가

자 지구의〕 대중적인 정치 정당들을 분쇄하고자 애쓰고 있다는 겁니다. 물론 이들은 무장 정당이지만 무장해야 하는 이유는 끝없이 위협받고 있기 때문이죠. 이들은 무장한 대중 운동이에요. 무장 대원 대부분은 병영에서 생활하는 전문 전투원이 아니고요. 문제의 이런 측면들을 모두 고려할 때 국제 인도주의 단체들이 점점 더 많은 우려를 표명하는 데는 매우 뚜렷한 근거들이 있다고 할 수 있습니다.

가자 주민이 진정 대규모 절멸의 위협에 처해 있음을 이제는 수많은 사람이 깨닫고 있습니다. 이건 흔히 쓰이는 과장법이 아니에요. 이런 수준의 잔인함이 매일같이 자행되고 민간인이 집중된 지역을 대량 살상의 표적으로 삼는 소위 '사고'accident가 갈수록 더 많이 벌어지고 있음을 감안하면 냉정한 평가라 할 수 있습니다. 이스라엘 입장에서 실패를 막을 유일한 대안은 민간인 거주 지역에 지상 공격을 가하는 것입니다. 따라서 최악의 각본이 현실화될 가능성이 상당히 크고 그렇게 된다면 수천 명이 살해당하겠죠. 부상자와 장애를 입는 사람은 더욱 많을 테고요. 이루 말할 수 없이 두려운 상황입니다.

이 문단들은 지금 우리 눈앞에서 펼쳐지고 있는 일에도 매우 정확히 적용될 수 있다. 이에 더해 이스라엘을 공개적으로 지지하는 서양 정부들은 휴전 요청을, 즉 학살을 중단하라는 요구를 여전히 거부하고 있으며, 그럼으로써 스스로를 노골적인 ‘인종 청소’와 결합한 집단 학살—국제법에서 반인도적이라고 분류되는 두 범죄—의 공범으로 만들고 있다.

질베르 아슈카르

2023년 11월 30일

1 하마스의 10월 반격에 대한 첫 논평

2023년 10월 7일 하마스가 이스라엘에 반격을 개시했다. 전날인 10월 6일은 아랍 측에서 이스라엘을 불시에 공격한 또 다른 날인 1973년 10월 전쟁[1] 개전일 50주년이었다. 1973년과 비교해 이번 반격은 훨씬 스펙터클한 면모를 보였다. 50년 전에 아랍 국가 이집트와 시리아는 재래식 전쟁을 개시했다. 6년 앞서 벌어진 1967년 6월 전쟁[2]에서 이스라엘이 점령한 영토를 수복하기 위해서였다. 반면 하마스의 이번 반격은 『성서』에서 거대한 골리앗에 맞서 싸운 다윗의 배짱을 떠올리게 한다. 구식 공중전, 해전, 지상전 수단—다윗의 돌팔매와 흡사한—을 활용한 하마스 전투원들은 가자 지구와 이스라엘 국가 사

1 〔옮긴이〕 4차 중동 전쟁. 이집트와 시리아의 기습 공격으로 패배 일보 직전까지 간 이스라엘은 미국의 집중적인 지원으로 간신히 패배를 면했다. 이 전쟁의 결과로 이스라엘은 3차 중동 전쟁 때 점령한 이집트 시나이 반도에서 철수했다.

2 〔옮긴이〕 3차 중동 전쟁. 불과 6일 만에 아랍 국가들에 압승을 거둔 이스라엘은 가자 지구, 서안 지구, 동예루살렘을 아우르는 팔레스타인 전역과 시리아의 골란 고원, 이집트의 시나이 반도를 군사 점령했다. 시나이 반도를 제외한 나머지 지역은 여전히 군사 점령 중이다.

이의 접경 지역 전반에서 놀랍고도 대담한 공격을 실시했다.

이웃한 아랍 국가들이 감행한 1973년 공격은 이스라엘의 오만한 자신감을 산산이 조각냈다. 마찬가지로 팔레스타인 인민을 어떻게 취급하든, 팔레스타인 게릴라를 어떻게 퇴치하든 안보가 위협받거나 응보가 따를 리 없다는 이스라엘의 믿음이 이번 반격으로 심각하고도 돌이킬 수 없이 손상되었다. 이런 측면에서 하마스의 10월 반격은 이스라엘 인구와 이스라엘 국가에 자신들이 얼마나 취약한지를, 나아가 평화 없이는 안전도 없고 정의 없이는 평화도 없음을 강력하게 각인시켰다.

이스라엘 정부가 보복으로 살인적인 파괴를 저지르고 수많은 민간인의 목숨을 희생시켜 자신과 그 동맹들을 가자 지구에서 제거하려 들 것이 뻔한데도 대규모 작전을 펼치기로 한 하마스의 결정에 대해서는 평가가 엇갈릴 수 있다. 그렇지만 이 반격이 이스라엘의 인종주의적인 극우 정부와 이들의 믿음—나크바Nakba를 연장해 팔레스타인 인민을 박해하고 영토 강탈, 인종 청소, 아파르트헤이트를 강제하면서도 역내 국가들과 공존하는 '정상' 국가에 도달할 수 있다는—이 드러내 왔던 견딜 수 없는 교만에 극심한 타격을 입힌 것은 분명하다.

마찬가지로 견딜 수 없는 것은 서양 정부들(그리고 외

국의 점령에 맞선 정당한 싸움을 더 잘 이해했어야 할 우크라이나 정부)이 경거망동하며 이스라엘에 표한 연대다. 이 연대는 이스라엘이 팔레스타인 주민을 잔인하게 공격할 때 침묵으로 일관하던 모습과 날카롭게 대비된다. 10월 7일 저녁 베를린 브란덴부르크 문에 내걸린 이스라엘 국기는 이스라엘 국가에 대한 아첨을 경멸스럽게 전시했다. 이는 독일의 전형적인 행태로, 독일은 나치가 유럽 유대인에게 저지른 범죄를 속죄받고자 하면서 엉뚱하게 팔레스타인인에 대한 이스라엘의 범죄를 두둔해 왔다. 상황을 더 악화시키는 것은 이스라엘 정부가 온통 유대 극우 세력으로 구성되어 있다는 사실이다. 여기에는 이스라엘의 저명한 홀로코스트 역사가가 『하레츠』지에서 망설임 없이 네오 나치라고 묘사한 사람들도 포함되어 있다![3]

마찬가지로 경멸스러운 것은 하마스의 이번 공격이 이란의 시나리오라는 '분석'이다. 이 분석에 따르면 이란은 미국이 밀고 있는 사우디 왕국과 이스라엘의 관계 개선을 훼방하려 한다. 테헤란이 이런 관계 개선을 〔경쟁자

3 *Haaretz*, 10/02/2023, https://www.haaretz.com/israel-news/2023-02-10/ty-articlemagazine/.highlight/israels-government-has-neo-naziministers-it-really-does-recall-germany-in-1933/00000186-3a49-d80f-abff-7ac9c7ff0000.

사우디를 제치고〕 반시온주의를 독점할 기회로 삼는 대신 방해하길 원하는 것이 사실이더라도(논란의 여지가 너무 큰 가설이지만), 음모론을 통해 팔레스타인의 행위능력을 부정하려는 시도는 모든 억압적인 정부가 대중 봉기에 보이는 반응과 정확히 같은 부류다. 음모론은 억압받는 인민에겐 그에 맞서 봉기를 일으킬 토대가 없으며 이들의 행동을 부추기는 것은 외국 정부의 보이지 않는 손이라고 상정한다.

수십 년 동안 팔레스타인 인민이 무엇을 견뎌 왔는지를, 1967년에 점령되고 2005년 이스라엘 군대가 병력을 철수한 이래 가자 지구가 어떻게 지붕 없는 감옥—주기적으로 이스라엘이 벌이는 살인적인 '사냥'turkey shoot의 표적이 되는—이 되었는지를 익히 아는 사람이라면, 하마스의 최근 작전처럼 자포자기에 가까운 대담한 행위가 더 빈발하지 않는 유일한 이유를 어렵지 않게 이해할 수 있을 것이다. 팔레스타인이라는 다윗과 이스라엘이라는 골리앗의 군사력 차이가 어마어마하기 때문이다. 가자의 이번 반격은 실로 1943년의 바르샤바 게토 봉기를 상기시킨다.[4]

4 〔옮긴이〕 나치 독일이 유대인을 강제 수용소로 이송하는 데 저항하며 유대인 무장 그룹이 벌인 군사 작전. 전투원 대부분이 살해됐다.

이 새로운 장章이 팔레스타인인 대부분의, 특히 가자 주민과 구체적으로는 하마스의 끔찍한 희생으로 마무리될 것이며, 이것이 이스라엘인이 감내하게 될 희생보다 훨씬 클 것이라는 데는 의심의 여지가 없다. 이스라엘과 팔레스타인인 사이에 전투가 벌어질 때마다 어김없이 그랬듯 말이다. 하마스의 반격 배후에 '더는 용납할 수 없다'는 논리가 깔려 있는 것은 충분히 납득할 만하다. 하지만 이 반격이 전술한 대로 이스라엘의 자신감에 타격을 입히는 것을 넘어 팔레스타인의 대의를 진전시키는 데 도움이 될지는 훨씬 의심스럽다. 이런 식으로 대의가 달성되더라도 팔레스타인인들은 이스라엘과 비교할 수 없을 정도의 희생을 대가로 치러야 할 것이기 때문이다.

이런 스펙터클한 작전으로 '승리'를 거둘 수 있다는 생각 자체가 하마스 같은 근본주의 운동의 특징인 종교적 유형의 마법적 사고 방식에서 유래한다. 이런 사고 방식을 극명하게 드러내 주는 것이 하마스 선전부에서 배포한 비디오다. 이 비디오는 10월 7일 아침에 신에게 감사 기도를 올리는 지도부의 모습을 담고 있었다. 안타까운 사실은 어떤 마법으로도 이스라엘의 막대한 군사적 우위를 뒤집을 수 없다는 것이다. 가자에 대한 이스라엘의 새로운 전쟁은 분명 극도로 파괴적인 결과를 초래할 것이다.

뉴욕과 워싱턴에 가해진 9/11 공격은 미국의 오만에 스펙터클한 타격을 입혔다. 하지만 그 결과 조지 W. 부시의 인기가 급격히 치솟았고, 덕분에 부시는 야욕의 대상이던 이라크 점령을 18개월 후에 개시할 수 있었다. 마찬가지로 하마스의 10월 반격으로 깊이 분열되어 있던 이스라엘 사회와 정치체가 벌써 재통합되었다. 이 분위기를 등에 업고 베냐민 네타냐후는 어마어마한 규모의 테러를 자행해 팔레스타인인을 강제 추방하는 자신의 가장 과격한 계획을 결행할 것이다.

다른 한편 하마스 지도부가 레바논의 헤즈볼라—그리고 그 배후의 이란—가 참전해 이스라엘을 위기에 몰아넣기를 기대했다면 이 기대는 위험하기 짝이 없을 것이다. 총력을 기울여 이스라엘과 새로운 전쟁을 벌인다는 높은 리스크를 헤즈볼라가 감수할 것 같지도 않거니와, 만약 헤즈볼라가 총력전에 나서더라도 이스라엘이 대규모 파괴력(핵무기를 포함한)을 제한 없이 사용하는 결과만 낳을 것이기 때문이다. 그렇게 된다면 역사적 규모의 대재앙이 펼쳐질 것이다.

팔레스타인 인민이 압도적인 군사력을 자랑하는 억압자에게 대항하는 진정으로 효과적인 유일한 방법은 힘의 우위를 우회할 수 있는 영역을 선택하는 것이다. 팔레스타인인의 투쟁이 가장 큰 효과를 거둔 것은 1차 인

1 하마스의 10월 반격에 대한 첫 논평

티파다〔민중 봉기〕[5] 기간이던 1988년이다. 당시에 팔레스타인인은 의도적으로 폭력적인 수단의 사용을 억제했다. 이스라엘 사회와 정치체(군대 포함)는 깊은 도덕적 위기를 맞았고, 이는 이스라엘의 이츠하크 라빈-시몬 페레스 지도부가 야세르 아라파트와 1993년 오슬로 협정을 협상하는 핵심 계기가 되었다. 물론 희망적 사고에 빠져 있던 〔무능한〕 팔레스타인 지도자들 때문에 협정 내용은 결함투성이였지만 말이다.

팔레스타인의 투쟁은 일차적으로 이스라엘의 억압, 군사 점령, 정착민 식민주의 확장에 대항하는 대중의 정치적 행동에 의지해야 한다. 제닌과 나블루스의 팔레스타인 청년들이 조직한 새로운 지하 무장 저항[6]은, 대중운동의 우위에 입각하고 이 운동을 촉진하는 방향으로 구상된다면, 인민의 대중 운동을 효과적으로 보조하는 역할을 맡을 수 있다. 또한 팔레스타인 인민은 역내에서

5 〔옮긴이〕 1987년 12월에 시작되어 6년간 지속된 비폭력 민중 항쟁. 아랍 전역의 비폭력 투쟁에 영감을 주었다.

6 〔옮긴이〕 2022년 3월 이스라엘 점령군은 서안 지구의 주요 도시에서 군사 작전 횟수와 강도를 높여 팔레스타인 저항 세력을 살해했다. 이에 맞서 제닌과 나블루스를 필두로 서안 지구의 주요 도시와 난민촌에서 청년 무장 투쟁 조직들이 등장했다. 기존 저항 세력 간의 반목에 반대하며 완전히 자생적으로 구성된 이 조직들은 대중적인 지지를 받고 있다.

이란 같은 전제 정부가 아니라 그런 억압적인 체제에 맞서 싸우는 인민의 지지에 의지해야 한다. 바로 여기에 팔레스타인 해방의 진정한 잠재적 전망이 놓여 있으며, 이 전망은 시온주의 논리—이스라엘 정치체의 끝없는 극우화를 끈질기게 부추기는—로부터 이스라엘 사회 자체가 맞이할 해방과도 결합되어야 한다.

2023년 10월 8일

지난 며칠간 가자는 오늘날의 그 어느 분쟁보다도 극명하게 글로벌 남-북 분열을 드러냈다. 서양 정부들은 추잡한 만장일치를 통해 이스라엘 국가를 무조건 지지하겠다는 의사를 거리낌 없이 천명했다. 이스라엘 국가가 75년간의 지역 갈등 중에서 전례가 없을 만큼 많은 팔레스타인 인민을 상대로 이미 전쟁 범죄 캠페인에 착수했다는 사실이 명백해진 시점이었는데도 말이다. 진정으로 구역질 나는 만장일치였다. 10월 7일 이래 서양 정부들은 앞다퉈 이 노력—베를린의 브란덴부르크 문, 런던 의회, 파리 에펠 탑, 워싱턴 백악관에 이스라엘 국기를 내건 것부터 이스라엘에 군사 장비를 보내고 미국과 영국이 시온주의 국가에 대한 연대의 제스처로 동지중해에 함대를 증파한 것, 뿐만 아니라 팔레스타인의 대의에 정치적 지지를 표명하는 각종 활동을 금지하고 그리하여 기본적인 정치적 자유를 축소한 것까지—을 전시했다.

이 모든 일이 벌어지는 동안 서양 매체들이 평소 이스라엘/팔레스타인 문제를 보도할 때 보여 온 편파성은 절정에 달했다. 언제나 그랬듯 비탄에 잠긴 이스라엘인(특히 여성)의 모습이 화면을 가득 메운다. 팔레스타인인이 등장하는 빈도와는 비교할 수 없을 정도다. 하마스의 알-아크사 홍수 작전Operation Al-Aqsa Flood[1]이 무장하지 않은 사람들에게 저지른 폭력의 이미지가 홍수처럼 범람하는 중이며, 특히 서양에서 흔히 볼 수 있는 것과 유사한 음악 축제가 초점의 대상이 된다. "우리와 같지 않은 사람들에게 영향을 미치는 재앙보다는 '우리와 같은 사람들'을 엄습한 재앙에 의해 훨씬 더 많이 촉발되는 〔…〕 나르시시즘적 연민"을 강조하려는 것이다.[2] 하마스가 작전을 개시한 뒤 이스라엘이 가자 민간인에게 자행한 대

1 〔옮긴이〕 2023년 10월 7일 하마스가 실시한 반격을 말한다. 초기에는 하마스가 노바 음악 축제에 민간인을 살해하러 왔다는 이스라엘 점령 당국의 선전이 사실인 듯 보도됐으나 이후 이스라엘 언론을 통해 이스라엘군과 하마스의 교전 과정에서 이스라엘군에 살해된 사람이 많다는 생존자 증언과 군인 회고가 잇따랐다. 2000년대 이후 이스라엘은 팔레스타인을 도발하기 위해 예루살렘의 알-아크사 사원을 침탈해 왔다. 특히 2022년 4월에는 알-아크사 사원이 위치한 하람 앗-샤리프(이스라엘 측에선 템플 마운트라고 부른다)에 쳐들어가 피신한 시위대와 신도들을 무차별 구타하고 발포 및 체포했다. 국제 사회는 이스라엘이 종교의 자유를 침해했다고 거세게 비판했으며, 팔레스타인 사회 내부에서는 알-아크사 사원을 사수해야 한다는 총의가 모였다. 이후 점령군은 일상적으로 사원을 침탈하기 시작했다. 이번 군사 작전의 주요 요구 사항 중 하나는 알-아크사 침탈을 중단하라는 것이다. 알-아크사 홍수라는 작전명은 여기서 유래한 것으로 보인다.

2 https://gilbert-achcar.net/narcissistic-compassion.

규모 공격은 규탄받기는커녕 온전히 보도되지도 않고 있다. 서양의 주요 정치 지도자와 매체는 230만 명의 인구를 대상으로 한 물, 음식, 연료, 전기의 전면 봉쇄라는 노골적인 전쟁 범죄를, 또 100만 명이 넘는 민간인에게 도시를 떠나거나 함락된 거주지에서 죽음을 맞이하라고 명령한 마찬가지로 노골적인 인도주의 법률 위반조차도 묵인하는 실정이다.

이들은 조지프 콘래드의 『어둠의 심연』에 나오는 '야만적 관습 억제를 위한 국제 협회'를 재설립한 것만 같은 행보를 보이고 있다. 소설에서 커츠 대령은 협회에 제출할 보고서 말미에 다음과 같은 섬뜩한 후기를 덧붙인다. "짐승들을 몰살하자!" 이스라엘 '국방부'defence 장관 요아브 갈란트의 최근 선언도 커츠의 처방 못지않게 악랄하기 그지없다. "가자 지구의 전면 봉쇄를 명한다. 가자에는 이제 전기도, 음식도, 연료도 없을 것이다. 모든 것을 차단한다. (…) 우리는 인간 동물human animal과 싸우는 중이기 때문에 그에 맞춰 행동할 것이다."[3]

전혀 놀랍지 않게도 서양 매체들은 하마스의 작전을 홀로코스트 이래 유대인을 겨냥한 최악의 공격으로 묘

3 *Times of Israel*, 9/10/2023, https://www.timesofisrael.com/liveblog_entry/defense-minister-announces-complete-siege-of-gaza-no-power-food-or-fuel/.

사하는 이스라엘 매체의 말을 그대로 옮기고 있다. 이 매체들은 팔레스타인인의 나치화라는 익숙한 패턴을 되풀이함으로써 이들의 비인간화와 절멸을 정당화한다. 하지만 진실은 다음과 같다. 하마스의 작전이 일부 측면에서 끔찍할지언정, 그 어떤 유효한 역사적 관점에서 봐도 이들은 나치의 제국주의 폭력을 계승하고 있지 않다. 반대로 이들은 매우 상이한 두 가지 역사적 순환과 궤를 같이하는 중이다. 하나는 이스라엘의 식민주의적 강탈과 억압에 맞서는 팔레스타인인의 투쟁이고, 다른 하나는 식민주의에 대항하는 글로벌 남반구 인민의 투쟁이다. 하마스의 이번 행동 저변에 깔린 사고 방식을 이해할 열쇠는 아돌프 히틀러의 『나의 투쟁』이 아니라 프란츠 파농의 『대지의 저주받은 사람들』—정신과 의사이기도 했던 정치 사상가가 피식민자의 감정을 해석한 저작으로 이 분야에서 가장 유명한—이다. 이 책에서 파농은 프랑스 식민주의에 맞선 피식민자(특히 알제리인)의 투쟁을 숙고했다. 다음과 같은 대목에서 발견되는 유사성은 충격적일 정도다.

〔식민주의 체제를 전복할〕 계획을 실행하기로 결심한 피식민자는 처음부터 폭력을 준비해 왔다. 금기투성이인 자신의 협소한 세계에 싸움을 걸기 위해서는 철저하

게 폭력이 필요하다는 사실을 이들은 태어나자마자 깨닫는다.〔…〕

식민 세계의 질서를 통치하는 폭력은〔…〕직접 역사를 실현하기로 한 피식민자들이 금지된 도시들로 떼 지어 쳐들어갈 때 죄를 씻을 것이요 합당한 수단이 될 것이다. 이제 식민 세계를 산산이 부수는 것은 모든 피식민 주체의 이해력과 상상력 안에 명료한 이미지로 자리 잡는다.〔…〕

그러나 결과는 심히 불균등하다. 비행기의 기관총 사격과 함대의 포격은 범위와 공포 면에서 피식민자의 대응과는 비교도 되지 않기 때문이다. 피식민자 중 가장 소외된 이들은 테러와 대항 테러의 진자 운동을 통해 최종적으로 미혹에서 벗어난다. 이들은 어떤 미사여구로 인간의 평등을 치장하더라도 부조리를, 즉 사카모디의 매복 작전에 참가한 일곱 명의 프랑스인이 죽거나 부상당하면 문명화된 양심의 격분을 일으키는 반면, 매복 작전으로 구에르구르 마을과 제라 촌락이 약탈당하고 주민이 학살돼 봤자 아무 일도 아니라고 여겨지는 부조리를 감출 수는 없음을 깨닫는다.[4]

4 〔옮긴이〕 프란츠 파농, 『대지의 저주받은 사람들』, 2판, 남경태 옮김, 그린비, 2010, 51, 54, 101쪽.

알-아크사 홍수 작전에서 하마스 전투원들의 일부 행동이 '테러리즘'적이었을까? 이 말이 무장하지 않은 사람들을 고의로 암살하는 것을 뜻한다면 이들의 행동은 분명 테러리즘이었다. 그런데 그렇게 본다면 지난 17년간—가자 지구 내에 주둔하며 통제하는 것이 더 큰 비용을 초래한다고 판단한 이스라엘이 외부에서 통제하기 위해 병력을 철수하고 채 몇 달이 지나지 않았던 2006년부터—수천수만의 가자 민간인을 고의로 살해한 것 역시 테러리즘이다. 나아가 역사적으로 국가 테러리즘은 비국가 집단의 테러리즘보다 훨씬 많은 사상자를 냈다.

마찬가지로 하마스 전투원들의 일부 행동이 '야만'이었나? 의심의 여지가 없다. 그런데 그것이 야만과 야만의 충돌의 일부라는 것 또한 의심의 여지가 없다.[5] 이와 관련해 9/11 공격이 벌어진 20여 년 전에 내가 쓴 대목을 인용해 보겠다.

> 개별적으로 판단할 때 각각의 야만적 행동은 도덕적 측면에서 똑같이 부끄러운 짓이라 할 수 있다. 문명화된 윤리는 국가 테러나 비정부 테러를 통한 민간인 혹은 어

5 G. Achcar, *The Clash of Barbarisms: The Making of the New World Disorder*, 2nd edition, Saqi Books, 2006.

> 린이의 암살을—무차별적이든 계획된 것이든—결코 정당화할 수 없다. 〔…〕
>
> 그럼에도 기본적인 공정함이라는 관점에 입각하면 모든 형태의 야만을 똑같이 거부하는 형이상학적 윤리를 고수하기가 어려워진다. 서로 다른 야만은 정의의 저울 위에서 같은 무게를 지니지 않는다. 야만이 '정당한 자위'의 도구가 될 수 없음은 분명하다. 야만은 정의상 그 자체로 언제나 부당하다. 그렇더라도 두 종류의 야만이 충돌할 때 억압자로 행동하는 강자의 책임이 더 크다는 사실은 바뀌지 않는다. 비합리성을 표방한 사례를 제외하면 약자의 야만은 거의 언제나 강자의 야만에 대한 대응이었고 이는 충분히 논리적이다. 그게 아니라면 뭐하러 궤멸의 위험까지 무릅쓰며 약자가 강자를 도발하겠는가? 덧붙여 말하면 강자가 자신의 책임을 은폐하려 하면서 적수를 제정신이 아닌 악마이자 짐승으로 묘사하는 것도 이 때문이다.

이스라엘의 점령과 억압에 맞서 싸운다는 하마스의 구상에서 가장 결정적인 비판점은 도덕적인 것이 아니라 정치적이고 실천적인 것이다. 팔레스타인의 해방에 기여하고 더욱더 많은 이스라엘인을 설득해 이 대의에 합류하도록 만드는 대신, 하마스의 전략[6]은 유대계 이스라엘인의 민족주의적 통합을 오히려 부추길 것이며 시온주의 국가가 팔레스타인인의 권리와 존재를 한층 심하게 억압할 구실로 활용될 것이다. 무장 대립을 통해 팔레스타인 인민이 민족 해방을 성취할 수 있을 것이라는 발상은 비합리적이다. 이스라엘 국가가 군사력 면에서 훨씬 우월한 상황이니 말이다. 이제까지 벌어진 팔레스타인의 투쟁 중에서 가장 큰 효과를 거둔 것은 비무장 저항이었다. 1988년의 인티파다는 이스라엘의 사회, 정치체, 군대의 깊은 위기를 촉발했으며, 서양 나라들을 포함해 전 세계가 팔레스타인의 대의에 크게 공감하도록 만들었다.

이번 작전은 하마스가 이스라엘에 이제껏 개시한 공격 중 가장 스펙터클했다. 그 결과 장기간 이어져 온 폭력과 대항 폭력의 순환 속에서 살인적일 정도로 잔인한 보복이 이루어지는 통상적인 패턴을 훌쩍 넘어설 기회가 〔이스라엘에〕 주어졌다. 현재 닥쳐오고 있는 것은 바로 2차 나크바—'대재앙'을 뜻하는 아랍어 단어로, 1948년 신생 이스라엘 국가가 자신이 정복한 영토에서 팔레스타인 지역의 원래 주민 대부분을 강제로 추방한 것을 가리키는 명칭—다. 네오 나치를 포함하고 있는[7] 현재의

6 이 책 1장을 보라.

이스라엘 정부를 주도하는 사람은 1948년의 팔레스타인 학살 중 가장 악명 높았던 데이르 야신 학살Deir Yassin massacre[8]을 저지른 정치 집단들을 계승한 리쿠드당[9]의 대표〔베냐민 네타냐후〕다. 베냐민 네타냐후는 당내 반대파를 이끌며 아리엘 샤론과 반목했던 인물이고, 샤론이 총리이던 2005년 가자에서 이스라엘이 "일방적으로 병력과 정착촌을 철수"[10]한다는 결정을 내리자 재무부 장관직을 사임했다. 그 직후 샤론은 네타냐후가 장악해 온 리쿠드당에서 탈당했다.

리쿠드당이 주도하는 이스라엘 극우파는 대이스라엘Greater Israel이라는 목표를 가차 없이 추진해 왔다. 영토

7 *Haaretz*, 10/02/2023, https://www.haaretz.com/israel-news/2023-02-10/ty-articlemagazine/.highlight/israels-government-has-neo-naziministers-it-really-does-recall-germany-in-1933/00000186-3a49-d80f-abff-7ac9c7ff0000.

8 〔옮긴이〕 1948년 4월 9일 리쿠드당의 전신인 자유당의 유대인 민병대원들이 팔레스타인 마을 데이르 야신에서 아무런 군사적 목적 없이 민간인 240명을 학살했다. 이들은 학살을 홍보하기 위해 외국인 특파원을 부르기도 했다.

9 〔옮긴이〕 1973년 창당한 보수 우익 정당. 1977년 첫 집권 후 소수 정당을 규합해 연립 정부를 구성하는 데 여러 차례 성공했다(이스라엘은 의원 내각제). 집권을 위해 극단주의 불법 정착민 정당들과 결탁했다.

10 Wikipedia, https://en.wikipedia.org/wiki/Israeli_disengagement_from_Gaza.

면에서 이는 서안 지구와 가자 지구를 포함해 영국이 위임 통치했던 지중해와 요르단강 사이에 위치한 팔레스타인 전체를 아우른다. 하마스가 작전을 개시하기 며칠 전에 네타냐후는 유엔 총회 연설에 대이스라엘 지도를 들고 나왔다.[11] 누구라도 의도를 눈치챌 만큼 노골적인 신호였다. 그러므로 가자 북부 주민에게 내린 남쪽 강제 이주 명령[12]은 통상적인 경우와 달리 민간인 밀집 지역을 고의로 파괴하는 것에 대한 위선적 변명에 불과한 것이 아니다. 그러면서 이스라엘은 하마스가 민간인 틈에 숨어 있다는 핑계를 대며 하마스에 〔민간인 살해〕 책임을 떠넘기고 있다.

지금 우리가 목격하고 있는 것은 가자 주민이 이집트의 시나이 반도로 쫓겨나는 2차 추방의 전조임이 틀림없다. 이스라엘은 하마스를 소탕하겠다는 구실로 나크바 이래 가장 큰 규모로 두 번째 인종 청소와 영토 정복을 실행하고 있다. 팔레스타인인들은 곧바로 1948년의 강제 추방을 떠올렸다. 당시에 이들은 전쟁을 피해 달아났지

11 *Times of Israel*, 22/09/2023, https://www.timesofisrael.com/liveblog_entry/netanyahu-brandishes-map-of-israel-that-includes-west-bank-and-gaza-at-un-speech/.

12 〔옮긴이〕 10월 12일 이스라엘 점령군은 지상군 투입을 준비하며 와디가자강 북부 주민 110만 명에게 24시간 내에 남쪽으로 떠나라는 강제 대피령을 내렸다.

만 그 뒤 자신의 도시와 마을에 돌아오는 것을 금지당했다. 지금 팔레스타인인들은 가자에서 자신이 두 번째 강제 추방에 맞닥뜨렸고 이것이 한층 심각한 강탈과 정착민 식민화의 전조임을 알아차리고 있다. 이 2차 나크바는 1차보다 더 많은 피를 요구할 것이다. 이 글을 쓰고 있는 현재 살해당한 팔레스타인인 수는 이미 1948년 사망자 수에 근접했으며 이스라엘의 맹공은 이제 시작일 뿐이기 때문이다. 미국과 유럽에서 대중이 대규모로 결집해야 한다. 그 결실로 서양 정부들이 이스라엘을 압박해 이스라엘이 사악한 전쟁 목적을 충족하기 전에 멈추게 해야만 이 두려운 결과를 방지할 수 있다. 이는 극도로 긴급한 사안이다. 분명히 말해 두건대 임박한 대재앙은 중동에 국한되지 않고 서양 나라들로도 퍼져 나갈 것이다. 물론 수십 년간 그래 왔다. 하지만 이번 비극의 규모는 한층 클 것이다.

2023년 10월 16일

3 두 개의 가자 각본
대이스라엘 대 오슬로 협정

〔10월 12일경〕 이스라엘은 가자 지구 북부에 거주하는 100만 명 이상에게 24시간 내에 남부로 대피하라는 명령을 내렸다. 그런 다음 며칠 전에는 지상 공격이 임박했다고 발표했지만 이 글을 쓰고 있는 시점에 맹공은 아직 시작되지 않았다.[1] 이 같은 지연은 이스라엘이 전하려 애쓰는 인상과 정반대로 이스라엘의 정치 지도부와 군사 지휘부가 10월 7일 하마스로부터 공격을 받은 뒤 작심한 규모로 가자를 침공할 계획을 사전에 마련해 두지 않았음을 드러내 준다. 이스라엘 군대는 18년 전에 병력을 철수한 가자에 다시 주둔할 것이라고 기대한 적이 거의 없다. 2006, 2008~2009, 2012, 2014, 2021년—규모가 가장 컸던 것만 나열해도 이 정도다—에 연이어 가자 지구에 개시한 작전은 모두 제한적이었고 본질적으로 폭격이 주를 이루었다. 2009년과 2014년에는 한정된 범위 내에

1 〔옮긴이〕 이 글은 2023년 10월 23일에 쓰였고 이스라엘은 10월 27일에 지상군을 투입했다.

서 지상 공격을 강행하기는 했지만 말이다. 그런데 10월 7일 반격의 이례적인 범위와 트라우마적인 효과 때문에 이스라엘 지도자들은 가자에서 하마스의 완전한 소탕과 가자 지구의 '평정'pacification이라는 목표를 세우지 않을 수 없게 되었다.

이것은 엄청난 도전이다. 우선 인구가 밀집한 영토에 대한 침공은 시가전으로 이어지기 마련이며 그로 인해 공격 측은 매우 큰 위험 부담을 짊어지게 된다. 하지만 그게 다가 아니다. 더욱 결정적인 문제는 정복한 다음 그 영토를 어찌할 것이냐다. 당연히 이것은 단순한 군사적 쟁점이 아니며 더 주요하게는 정치적 사안이다. 정치적 고려 사항과 군사적 고려 사항은 서로 긴밀히 의존한다는 사실이 현재 상황에서 특히 확연히 드러난다. 이스라엘이 공언한 목표는 실행 과정에서 필연적으로 대규모 폭력을 낳을 것이다. 이는 정치적 악재로 작용할 수밖에 없으며 전쟁 수행 자체도 그로부터 영향을 받을 것이다.

현재의 방정식〔이스라엘의 지상 공격이 지연되고 있는 상황〕에서 가장 명백한 요인은 이스라엘이 자국의 병력 손실 최소화를 목표로 한다는 점이다. 2011년 가자에 포로로 잡혀 있던 이스라엘 군인 길라드 샬리트를 1,000여 명의 팔레스타인 수감자와 교환한 것이 이를 극적으로 예증하는 사례다. 그러므로 많은 군인의 생명이 희생될 수밖에 없는 조건하에서 이스라엘군은 지상 공격을 강행할 수 없게 된다. 이라크와의 1980~1988년 전쟁에서 이란이 펼친 '인해 전술' 같은 극단적인 사례는 말할 것도 없고 러시아 군대(정규군 그리고/또는 바그너의 준군사 조직과 연계된 병력)가 2022년 이래 우크라이나에 개시한 것과 같은 공격도 이스라엘군으로서는 불가능한 것이다. 이스라엘군의 우위는 이집트의 시나이 사막이나 시리아의 골란 고원처럼 건물이 거의 없고 원거리 화력이 결정적인 지형에서 최대치로 발휘된다. 반대로 1982년 8월 초 당시 국방부 장관이던 아리엘 샤론은 포위된 베이루트에 진입하라는 명령을 군대에 내렸지만 이들은 다음 날 시도를 포기해야 했다. 협상 끝에 팔레스타인 전투원들이 베이루트에서 떠난 뒤인 9월 중순에야 이스라엘군은 도시를 기습하는 데 성공했다. 이후 새롭게 등장한 레바논 도시 저항 운동의 표적이 됨에 따라 이스라엘군은 9월 말 베이루트에서 철수했다.

이에 따라 이스라엘군이 병력 손실을 최소화하면서 가자 지구처럼 밀집되고 넓은 도시 지역의 일부를 침공하는 유일한 방법은 지상 공격을 개시하기 전에 집중적인 폭격을 퍼부어 장악하려는 지역을 초토화하는 것이다. 실제로 이것이 10월 7일 직후에 시작된 일이다. 규모와 강도 면에서 이번 폭격의 피해는 이스라엘의 이전 폭격들—레바논과의 2006년 전쟁부터 그 뒤 여러 차례에 걸친 가자와의 전쟁까지—이 초래한 피해를 훌쩍 뛰어넘는다. 앞선 전쟁들에서 이스라엘 군인들은 광범위한 도시 지역을 초토화할 수 없었다. 물론 파괴력이 부족해서는 아니었다. 필수적인 정치적 조건들이 부재했기 때문이다.

이런 정치적 조건의 부재가 가장 뚜렷이 드러난 순간이 바로 1982년이다. 당시 이스라엘의 베이루트 포위는 격렬한 국제적 반대를 불러일으켰을 뿐 아니라 이스라엘 내부도 정치적 위기로 몰아넣었다. 그리하여 메나헴 베긴과 아리엘 샤론의 리쿠드당 정부에 대한 항의가 대규모 시위로 번지기도 했다. 앞선 전쟁들에서 이스라엘 군대는 가자의 일부에 병력을 다시 주둔시킬 의도가 전혀 없었다. 그런데 이번에는 그 의도를 명확히 표출하고 있다. 나아가 이스라엘 군인뿐 아니라 민간인도 전례 없이 살해된 충격의 여파가 어찌나 큰지 이스라엘 대중과 전통적으로 이스라엘을 후원해 온 국제 세력들이 명시적으로든 암묵적으로든 가자 전체에 병력을 다시 주둔시키는 데 찬성하고 있다. 하마스를 이슬람 국가Islamic State, ISIS에 비유하며 이 조직을 소탕하겠다고 공언하는 것이 가자 지구 전체를 수색하고 쓸어 버리는 작전을 수행하겠다는 것 말고 무엇을 뜻할 수 있을까?

최근 『파이낸셜 타임스』는 군사 전문가들과의 인터뷰에 기초해 다음의 기사를 내보냈다.

이스라엘군은 소위 '승리 독트린'을 채택할 것이다. 사전에 정해 둔 상당수 표적[2]을 공군이 빠른 속도로 파괴할 것을 요구하는 이 독트린은 이미 실행 중이다. 전투기들이 넓은 범위에 걸쳐 가자에 집중적인 폭격을 퍼붓고 있다. 급유를 위해 폭격을 중단할 때도 있지만 이마저도 대개 공중에서 이루어진다. 이 군사 작전의 의도는 하마스가 전열을 가다듬는 속도를 앞지르는 것, 그리고—이 독트린이 어떤 토의 과정을 거쳐 2020년에 발표되었는지 잘 아는 인물에 따르면—"국제 공동체가 공격을 늦추라는 정치적 압력을 가하기 전에 최대치의 목표를 달성하는" 것이다.

이것이 현재 꾸며지고 있는 군사적 각본이다. 여기에 정치적 차원이 개입된다. 군사적 목표가 사실상 하마스 소탕을 위해 가자에 병력을 다시 주둔시키는 것이라면

2 〔옮긴이〕 이번 침공에서 이스라엘 점령군은 '복음'Gospel이라 이름 붙인 인공 지능 프로그램을 활용해 전례 없는 속도로 공격 표적을 자동 생성하고 있다. https://www.972mag.com/mass-assassination-factory-israel-calculated-bombing-gaza/.

자연스럽게 다음 질문을 던지게 된다. 얼마나 오래 주둔시킬 것인가? 또 하마스를 무엇으로 대체할 것인가? 군사적이기보다는 정치적인 전략에 가까운 이 두 문제에 관해서는 의견 충돌이 빚어질 공산이 한층 크다. 군사적 전략의 경우에는 감안해야 할 요인이 훨씬 적다. 객관적인 고려 사항과 가용한 군사 수단의 성격이 전략을 좌우하기 때문이다. 반면 정치적 의견 차이는 극명히 갈리는 두 입장으로 양분되는데, 이 둘을 각각 대이스라엘 각본과 오슬로 협정 각본이라 부를 수 있다.

대이스라엘은 베냐민 네타냐후와 이스라엘 극우에 포진해 있는 그의 시종들에게 가장 큰 호소력을 발휘하는 시나리오다. 리쿠드당은 수정주의적 시온주의Revisionist Zionism로 알려진 시온주의 극우를 계승한 집단이다. 아랍인들이 나크바(대재앙)라 부르는 1948년의 팔레스타인 대량 학살 중 가장 악명 높은 데이르 야신 학살을 저지른 주범이 바로 수정주의적 시온주의의 무장 분파들이었다. 이해에 치러진 전쟁에서 시온주의 군대는 영국이 위임 통치했던 팔레스타인 영토의 78퍼센트(그보다 1년 전에 시온주의자들은 글로벌 북반구 나라들을 중심으로 막 결성된 유엔이 승인한 분할 계획에 따라 역사적 팔레스타인 땅의 55퍼센트를 할당받았다)를 정복했고 팔레스타인 인구 80퍼센트를 뿌리 뽑았다. 데이르 야신 같은 잔혹 행위에 두려움을 느낀 팔레스타인인들은 전쟁을 피해 떠났고, 그 뒤 자신의 집과 땅으로 돌아오는 것을 금지당했다. 그럼에도 시온주의 극우는 당시 다비드 벤-구리온이 이끌던 주류 시온주의를 결코 용납하지 않았다. 주류 시온주의가 지중해와 요르단강 사이에 위치한 영국 위임 통치기 팔레스타인 땅을 100퍼센트 정복하기 전에 전쟁을 중단하는 데 동의했기 때문이다.

네타냐후는 10월 7일 하마스가 공격을 개시하기 불과 2주 전에 뉴욕에서 열린 유엔 총회에 참석해 연설을 했다. 그때 그는 과시하듯 중동 지도를 꺼내 놓았는데 거기에는 가자 지구와 서안 지구를 포함하는 대이스라엘이 표시되어 있었다. 나아가 이번 가자 전쟁과 관련해 이보다 중요한 사실이 있다. 글로벌 매체들은 거의 언급하지 않지만 네타냐후는 2005년 샤론이 이끌던 이스라엘 내각에서 사임한 바 있다. 가자에서 병력과 정착촌을 철수하겠다는 샤론의 결정에 항의하는 의미에서였다(1999년 선거에서 리쿠드당이 에후드 바라크가 이끌던 노동당에 패배한 후 샤론은 네타냐후에 이어 리쿠드당의 당수가 되었다. 샤론은 2003년에 치러진 다음 선거에서 승리했고 네타냐후를 재무부 장관으로 임명했다).

정치인보다는 군인에 훨씬 가까웠던 샤론은 통치하기 쉽지 않은 가자에서 병력을 철수시켜 달라는 군대의

탄원을 받아들였고 외부에서 가자 지구를 통제하는 쪽을 선호했다. 그는 1967년의 점령 이래 서안 지구에서 실행된 것과 유사한 가자의 병합을 결코 염두에 두지 않았다. 그는 1993년의 오슬로 협정에 따라 수립된 팔레스타인 자치 정부Palestinian Authority가 가자를 책임지도록 놔두는 편이 더 현명하리라 판단하고는 서안 지구에 주력했다. 시온주의 입장에서는 후자가 훨씬 소중하고 의견도 일치하는 목표였기 때문이다.

오슬로 협정은 서안 지구의 팔레스타인 인구 밀집 지역들에서 이스라엘 병력이 철수하기를 요구했지만 이스라엘이 점령지 대부분을 통제하는 것은 허용했다. 팔레스타인 자치 정부에 대한 경멸을 대놓고 드러내기 위해 샤론은 2005년 가자에서 일방적으로, 즉 팔레스타인 자치 정부와의 준비 과정을 생략하고 병력과 정착촌을 '철수'disengagement하는 방안을 택했다.[3] 2년 후에는 하마스가 가자 지구에서 권력을 장악했다.

네타냐후는 샤론의 이 결정에 반기를 들었다. 그는 리쿠드당 내부에서 샤론에 대한 반대에 앞장서며 세력을 규합했다. 그러고는 같은 해인 2005년 샤론이 리쿠드당

3. 〔옮긴이〕 오슬로 협정은 가자 지구에서 점령군이 철수할 것도 규정했다.

을 떠나 다른 당을 창당하도록 강제하는 데 성공했으며 그 이래 줄곧 네타냐후가 리쿠드당을 주도해 왔다. 그는 이스라엘 정치판의 파편화를 교묘히 이용해—완벽한 기회주의자로서 그가 탁월함을 보인 기예—2009년 총리직에 올라 2021년 6월까지 그 자리를 지켰다. 또한 2022년 말에는 권력의 중심부로 복귀해 이스라엘 역사상 가장 극우화된 정부의 수반이 되었다. 그 전에도 이스라엘은 리쿠드당이 처음 승리를 거둔 1977년부터 여러 정부를 거치면서 끝없이 우경화해 '역사상 가장 우익'이라는 꼬리표를 달았는데 말이다. 물론 네타냐후는 2020년 도널드 트럼프(와 재러드 쿠시너)의 '평화 계획'[4]에 동의했다. 하지만 이는 팔레스타인인들이 이 계획을 받아들이지 않을 것임을 잘 알고 있었기 때문이다. 아마 그는 이 불가피한 거부가 나중 언젠가 서안 지구 대부분을 일방적으로 병합할 때 좋은 구실이 되리라고 생각했을 것이다.

4 〔옮긴이〕 도널드 트럼프는 팔레스타인-이스라엘 문제를 더 끌 필요가 없다며 임기 중에 실질적인 해법을 내놓겠다고 장담했고, 중동 문제에 아무 식견도 경험도 없는 사위 재러드 쿠시너를 담당자로 앉혔다. 트럼프 스스로 '세기의 딜'이라 부른 이 청사진은 팔레스타인에 경제적 지원을 제공하는 대가로 서안 지구의 요르단 계곡과 불법 정착촌을 이스라엘로 강제 병합한다는 내용을 담고 있었다. 트럼프는 발표 시기까지 조정하며 이 계획을 부패 스캔들로 핀치에 몰린 네타냐후의 재선을 도울 카드로 활용했다.

가자를 재정복하기 위해서는 예기치 못한 격변이 필요했다. 그런데 하마스의 '알-아크사 홍수' 작전으로 느닷없이 그런 격변이 벌어질 것이라고는 누구도 예상하지 못했다. 이 작전은 정녕 이스라엘 판본의 9/11이었다. 10월 18일에 조 바이든이 이스라엘을 방문했을 때 네타냐후가 지적했듯, 미국과 이스라엘의 인구 차이를 감안하면 10월 7일은 9/11보다 스무 배는 더 치명적이었다. 9/11이 부시 행정부의 숙원 사업이던 이라크 침공의 정치적 조건을 창출했다면 10월 7일은 가자 재정복의 정치적 조건—네타냐후가 오랫동안 갈망했으나 너무 무모했고 공개적으로 논의에 부칠 수 없을 정도로 도가 지나쳤던—을 창출했다. 앞으로 이 목표를 달성할 수 있을지는 지켜봐야 알겠지만 이것이 시온주의 강성 우파가 열망하는 목표임은 분명하다.

이스라엘의 정치 및 군사 당국들은 가자 주민에게 이집트와 국경을 맞댄 남쪽으로 떠나라고 거듭 요구하는 한편, 시나이 반도를 개방해 막대한 수의 가자 인구(230만 명)를 받아들이라며 카이로를 열심히 설득했다. 이집트인들은 이런 행동이 가자 주민을 시나이 반도에 무기한 정착시키려는 술책임을 정확히 꿰뚫어 보았다. 1948년과 1967년에 살던 땅에서 쫓겨난 팔레스타인인이 인근 아랍 나라들로 피난해 영구적인 난민이 되었던 것처럼 말이다. 10월 18일 이집트 대통령 압델 파타 엘-시시는 이 발상에 찬물을 끼얹었다. 그러면서 정말로 일시적인 대피처를 제공할 생각이라면 1948년에 이스라엘 영토가 된 네게브 사막에 가자 주민의 피난처를 마련하라는 능청맞은 조언을 건넸다.

하지만 대이스라엘은 이스라엘 지도자들이 만장일치로 동의하는—심지어는 10월 7일 이후에도—야심이 아니다. 이 야심은 미국에서 공화당 극우와 그리스도교 시온주의자들에게 지지받아 왔다. 하지만 미국의 대외 정책을 주도하는 다수, 특히 민주당은 결코 이를 지지하지 않는다. 바이든 행정부—네타냐후는 2012년 미국 대선에서 버락 오바마(와 부통령 후보였던 바이든) 대신 밋 롬니를 공개적으로 지지했고, 바이든은 네타냐후에게 거의 동조하지 않는 것으로 잘 알려져 있다—는 오슬로 협정에 따라 팔레스타인이 잔존국rump state[5]으로 남게 될 전망을 고수하고 있으며, 이를 통해 팔레스타인의 대의를 논의 대상에서 제외할 구실을 제공하고 이스라엘과 아랍 국가들이 연계와 협력을 발전시킬 길을 트려 한다.

바이든이 10월 15일 CBS 방송에 출연해 이스라엘이

5 〔옮긴이〕 분리, 병합, 점령, 탈식민화 등으로 인해 이전 영토에서 축소된 영토의 잔여 지역들로 구성된 국가.

가자에 병력을 주둔시킨다면 "커다란 실수를 범하는 셈"이라고 말한 것도 이 때문이다. 미국 대통령이 하마스 소탕을 위해 가자 지구 전체를 침공한다면 실수일 것이라고 말하지는 않았다는 사실에 유념하자. 반대로 그는 "내부에 진입해 극단주의자들을 색출하는 과정이 〔…〕 꼭 필요"하다며 의사를 분명히 밝혔다. 이어 "하마스가 완전히 제거되어야 한다고 생각하십니까?"라는 질문에 바이든은 이렇게 답했다.

그렇습니다. 하지만 팔레스타인 자치 정부도 필요합니다. 팔레스타인 국가를 수립할 길을 찾아야 합니다. '두 국가 해법'이라고 불리는 이 길이 수십 년간 미국의 정책이었습니다. 이 해법은 가자 지구와 요르단강 서안 지구에서 살아가는 팔레스타인인 500만 명을 위한 독립 국가를 이스라엘 옆에 건립하는 것입니다.

꼬박 하루를 채운 바이든의 이스라엘 방문은 단순히 트럼프, 우익 공화당원 및 복음주의적 그리스도교 시온주의자 들이 이스라엘에 대한 군사적 지원 문제에서 선수 치는 것을 막고, 그렇게 정치적 지지율을 높여 2024년 대선을 대비하기 위한 것만이 아니었다(바이든이 미국 시민 대다수 및 특히 민주당 대다수의 입장을 거스르고 있음을 지적해 둘 필요가 있다. 미국 시민과 민주당은 한층 균형 잡힌 시각으로 이스라엘-팔레스타인 갈등에 접근하는 편을 선호한다). 또한 바이든의 방문은 단순히 파국이 펼쳐지는 것을 완화하기 위해 전력을 다하고 있다는 인상을 주고자 인도주의적 제스처를 흉내 내는 것도 아니었다. 그의 목적은—아마도 이것이 일차적일 텐데—오슬로 협정의 관점을 고수할 필요를 이스라엘 정치체에—향후 네타냐후가 있건 아니건—설득하는 것이기도 했다. 그는 팔레스타인 자치 정부의 수반인 마흐무드 압바스 및 요르단 왕과의 회의를 통해 이 노력에 박차를 가하려 했다. 하지만 그가 방문하기 전날 알-아흘리 아랍 병원이 파괴된 탓[6]에 그의 계획은 좌절되고 말았다.

이스라엘의 군사 및 정치 기득권층 일부가 바이든 행정부와 뜻을 함께한다는 사실은 이스라엘 참모 총장이

6 〔옮긴이〕 2023년 10월 17일 이스라엘 점령군은 알-아흘리 침례교 병원을 폭격해 피난민과 환자 471명을 학살했다. 학살 직후 병원이 군 기지로 사용되어 파괴했다고 대변인 두 명이 소셜 미디어를 통해 발표했으나 곧바로 삭제하고 알-아흘리 병원을 폭격한 것은 팔레스타인 저항 세력인 이슬람 지하드의 오폭이라고 주장했다. 하마스와 이슬람 지하드의 부정에도 불구하고 전 세계 언론이 이를 진실 공방으로 몰고 갔다. 병원을 운영하는 성공회 교단은 기자 회견에서 10월 14일부터 16일까지 3일 내내 전화로 "병원을 비우라"는 이스라엘 점령군의 경고 전화를 받았다고 밝혔다. 앞서 병원에 두 번의 경고성 드론 폭격이 가해지기도 했다.

었고 이후 총리를 지낸 에후드 바라크의 발언에서 뚜렷이 드러난다. 『이코노미스트』와의 인터뷰에서 그는 오슬로 각본을 미세하게 수정한 의견을 제시했다.

> 바라크 씨는 하마스의 군사적인 역량이 충분히 제한될 경우 가자에서 팔레스타인 자치 정부가 재수립되는 것이 최선의 결과라고 믿는다. 〔…〕 그렇지만 그는 팔레스타인 대통령인 마흐무드 압바스가 "이스라엘의 총검을 등에 업고 그렇게 돌아오는 것으로 보여서는 안 됩니다"라고 경고한다.[7] 그러므로 "이스라엘이 국제적인 압력에 승복하고 가자를 이집트, 모로코, 아랍 에미리트 연합국을 포함하는 아랍 평화 유지 세력에 이양하는" 중간기가 필요하다는 것이 그의 생각이다. "이 세력이 팔레스타인 자치 정부가 통제력을 쥘 때까지 이 지역을 보호할 것입니다."

전 세계를 떠들썩하게 한 오슬로 협정은 1993년 체결

7 〔옮긴이〕 팔레스타인 자치 정부는 오슬로 협정을 통해 이스라엘을 위한 치안 업무를 위임받았고, 해방 운동가들을 체포하거나 살해하고 있다. 이를 '안보 공조'라 부른다. 이스라엘은 팔레스타인과 대립할 때도 자치 정부의 안보 공조에 만족감을 표한 반면, 팔레스타인 민중은 자치 정부, 특히 압바스 대통령이 점령자의 하수인 노릇을 한다고 규탄해 왔다.

직후부터 교착 상태에 빠졌지만—그 여파로 2000년에 2차 인티파다가 발발했고, 이어 이스라엘은 팔레스타인 자치 정부 수립을 위해 철수했던 서안 지구의 A 구역[8]들에 일시적으로 병력을 다시 주둔시켰다—워싱턴과 동맹들은 여전히 이 협정을 유일하게 실현 가능한 해결책으로 간주하는 것처럼 보인다. 아마도 이들은 트럼프-쿠시너의 '평화 계획'에서 구상된 것과 같은 일종의 영토 교환이 종국에는 가능하리라 믿고 있을 것이다. 서안 지구에서 〔불법 유대인〕 정착촌이 급증해 온 지역은 이스라엘로 병합하고, 팔레스타인인에게는 선조들에게 물려받은 요르단강 서쪽 땅〔역사적 팔레스타인 전체〕의 22퍼센트에 파편화된 "독립 국가"를 세워 주면 된다고 말이다.[9]

궁극적으로 대이스라엘 각본과 오슬로 협정 각본 중 무엇이 실현될지는 하마스가 가자를 통제할 수 없을 만

8 〔옮긴이〕 오슬로 협정에 따라 서안 지구는 A, B, C 구역으로 나뉘어 A(18퍼센트)는 자치 정부가, B(22퍼센트)는 자치 정부와 군사 정부가 공동으로, C(60퍼센트)는 군사 정부를 통해 이스라엘 점령 당국이 직접 통치하고 있다.

9 〔옮긴이〕 오슬로 협정은 점령지 불법 유대인 정착촌의 최종 지위를 향후 교섭 과정에서 해결할 문제로 규정했다. 때문에 이후 이어진 협상마다 정착촌과 이스라엘 내 팔레스타인 마을을 어떤 비율로 어떻게 교환할 것인지가 쟁점이 되었다. 트럼프의 안은 정착촌을 극단적으로 이스라엘 측에 주는 방식이었지만 기본 아이디어는 같다.

큼 이스라엘이 하마스를 파괴하느냐 여부에 달려 있다. 이스라엘 군대는 가자 지구 대부분을, 어쩌면 전체를 정복할 것이다. 이는 가자의 거의 전 지역을 파괴하고 막대한 인명 피해를 초래하고서만 달성할 수 있는 목표다.

최근 『워싱턴 포스트』 기사는 조지타운 대학 교수로 대테러 전문가인 브루스 호프먼을 인터뷰했다. 호프먼은 스리랑카 북부의 타밀 타이거즈 소탕이 유일하게 성공한 궤멸 시도라고 지적한다. 타이거즈는 스리랑카 군대가 군사 공격을 실시한 이후 2009년에 전멸했다. 그런데 유엔의 추산에 따르면 이 공격으로 민간인 40,000여 명이 살해당했다. “신은 이런 대학살이 오늘날 펼쳐지는 것을 허락하지 않습니다”라고 호프먼은 말한다. “하지만 테러리스트 조직을 파괴하기로 결심한다면 불가능하지는 않습니다. 그에 동반되는 무자비함만 갖춘다면요.”

스리랑카보다 중동의 상황에 세계의 이목이 훨씬 집중되어 있다는 점만 다를 뿐이다. 그러므로 문제는 병력 손실과 국제적인 압력이 결합해 중단을 강제하기 전에 이스라엘군이 무엇을 달성할 수 있느냐다(이란의 지원을 받는 레바논의 헤즈볼라가 관여해 역내로 확전될 가능성도 염두에 두어야 한다). 두 각본 중 무엇이 실현될지는 아직 확실치 않다. 이스라엘 군대는 신중하게 최소 계획을 입안해 왔다. 이 계획은 국경을 따라 이어지는 새로운 완충 지대를 가자 내부에 만들어 '지붕 없는 감옥'으로서 가자의 상황을 더욱 악화시키는 것을 골자로 한다.

유일하게 확실한 것은 가자에 대한 이스라엘의 새로운 맹공이 75년간 이어진 이스라엘-팔레스타인 갈등의 비극적인 역사에서 이전의 모든 에피소드를 능가하는 치명성과 파괴성을 벌써부터 드러내고 있다는 사실이다. 또 확실한 것은 이번 공격이 급속히 최악으로 치닫고 있다는 것이다. 이는 세계의 불안정한 지역 대부분을 더한 불안정으로 몰아넣을 것이며, 글로벌 북반구 자체를 —난민 물결과 폭력의 번짐을 통해—불안정하게 만드는 데도 크게 일조할 것이다. 이번에도 미국 및 미국과 동맹관계에 있는 유럽 국가들은 근시안과 이중 잣대 때문에 정면으로 역풍을 맞을 것이다. 그리고 그 결과는 이전보다 한층 비극적일 것이다.

2023년 10월 23일

4 나크바 완수 계획이 드러나다

10월 7일 이래 우리는 시온주의 우파가 '알-아크사 홍수' 작전을 기회 삼아 1967년에 점령한 땅에서 팔레스타인 주민 대부분을 쫓아냄으로써 1948년의 나크바를 완수하고 '대이스라엘' 기획을 달성하는 오랜 꿈을 실현하려 한다고 경고해 왔다. 그리고 이것이 사실임을 완벽하게 증명하는 문서가 며칠 전 유출되었다. 지난 일요일(10월 28일) 이스라엘의 반체제 웹사이트 『메코미트』*Mecomit*는 베냐민 네타냐후가 이끄는 리쿠드당의 주요 구성원인 길라 감리엘이 장관으로 있는 시온주의적인 정보부 Ministry of Intelligence가 발행한 중요 보고서를 공개했다. 이어 『하레츠』(10월 30일)를 비롯해 일부 이스라엘 매체에서 이 문서가 원본임을 확인했고, 이스라엘에 비판적인 웹사이트 『+972』에서 영어로 번역하기도 했다.

10월 13일에 발행된 이 문서는 '가자의 민간인 관련 정책 방안'이라는 제목 아래 세 가지 선택지를 제시하고 있다. 1) 가자 주민이 남아 있고 팔레스타인 자치 정부가 통치하는 방안, 2) 가자 주민이 남아 있고 현지 아랍 정부를 그곳에 수립하는 방안, 3) 주민들을 시나이 반도로 떠나게 만드는 방안. 문서는 1~2안에 중대한 결함이 있다고 간주한다. 특히 장기적으로 볼 때 충분한 "전쟁 억지 효과"를 발휘할 수 없다면서 말이다. 그러면서 3안이 "장기간에 걸쳐 이스라엘에 긍정적인 전략적 결과를 산출할 것"이며 "실행 가능"하다고 단언한다. "국제적인 압력에 굴하지 않는 정치권의 결단이 필요하다. 그리고 미국을 비롯해 이스라엘 친화적인 나라들의 지원을 최대한 활용해야 한다."

문서는 세 방안을 상세히 설명한다. 여기서는 정보부가 선호하는 3안, 즉 가자 주민을 추방하는 방안만 살펴보자. 문서는 이 각본을 다음과 같이 묘사한다. "1) 하마스에 맞서 싸우고 있기 때문에 비전투원 주민을 전투 지역에서 내보낼 필요가 있다. 2) 이스라엘은 〔가자〕 주민을 시나이 반도로 내보내는 조치를 취해야 한다. 3) 첫 단계에는 천막촌이 시나이 지역에 세워질 것이고, 그다음 단계에는 가자 주민을 원조하기 위한 인도주의 구역을 설립하고 시나이 반도 북부의 재정착 지역에 몇몇 도시를 건설하는 대책이 포함될 것이다. 4) 이집트 국경 안쪽에 수 킬로미터에 이르는 완충 지역을 만들어야 하며, 이스라엘 국경 부근에서 거주하거나 활동하기 위해 주민이 돌아오지 못하도록 막아야 한다. 아울러 이집트와 국경을 맞댄 우리 쪽 지역에 보안 구역perimeter을 조성해야 한다.”

이어 문서는 강제 이주 각본을 세부적으로 논한다. 그에 따르면 우선 전투 지역에서 비전투원을 내보내야 하며, 지상 침공을 용이하게 하기 위해 가자 북부에 집중적인 공습을 단행해야 한다. 둘째 국면에서 침공은 북부부터 시작해 가자 지구 전체를 장악하고 하마스의 터널들[1]을 제거할 때까지 국경을 따라 전개된다. 이 기간 내내 "민간인이 라파〔가자 지구 최남단 도시이자 이집트와의 국경 지역〕로 떠날 수 있도록 남쪽 이동 경로를 남겨 두는 것이 중요하다". 문서는 이 방안이 다른 두 방안과 달리 민간인의 생명을 구할 것이라고, 또 시리아, 아프가니스탄, 우크라이나에서 그랬던 것과 같은 대규모 이주라는 글로벌한 맥락에 포함된다고 주장한다. 나아가 민간인의 이동을 보장하는 것이 국제법상 이집트의 의무며, 카이로가 협력한다면 그 답례로 최근 맞이한 경제 위기

1 〔옮긴이〕 2007년 이스라엘 점령 당국이 가자 지구 육해공을 봉쇄한 이래 모든 물자와 의약품, 사람의 출입을 이스라엘이 통제해 왔다. 초콜릿과 파스타, 기저귀, 건설 자재 등 구체적 항목들이 자의적으로 불허되어 고사 위기에 놓인 가자 주민들은 자구책으로 이집트로 향하는 터널을 파기 시작했다. 하마스와 저항 세력들도 군수품 조달을 위해 군사용 터널을 팠다. 터널 크기는 다양해 사람이 간신히 지나갈 수 있는 것부터 중고 자동차 수입 경로로 사용되는 것까지 있다.

를 완화할 재정 지원을 받을 것이라고 강조한다.

주목할 만한 사실은 시온주의적인 정보부가 작성한 이 문서의 발행일이 10월 13일이라는 것이다. 이날 이스라엘은 가자 북부 주민에게 와디가자강 남쪽으로 이주하라고 요구했다.[2] 문서는 이 요구가 3안에 부합한다는 사실을 확인해 준다. 실제로 지금까지 이스라엘이 해 온 일은 가자에서 나크바를 반복한다는 계획(문서에서 묘사하고 있는 것도 이것이다)과 완벽하게 일치한다. 월요일(10월 30일)에 『파이낸셜 타임스』는 유럽 나라들의 수도에 주재하는 특파원들이 작성한 보고서를 발표했다. 그에 따르면 네타냐후는 가자를 떠나온 난민을 받아들이도록 이집트를 압박해 달라며 유럽 정부들을 설득하려 한다. 프랑스, 독일, 영국 모두 이 요구가 비현실적이라는 확신을 표명했지만, 그럼에도 인도주의적 고려를 들먹이며 이집트 국경을 개방하라고 카이로에 압력을 넣기 시작했다. 이 보고서로 미루어 보건대 유럽권의 일부는 다음과 같이 믿고 있는 듯하다. 지상전이 전개되어 점점 더 많은 사람이 이집트 국경 지역으로 쫓겨나면 인구 과밀과 서양의 압력 때문에 이집트가 입장을 바꿀 수

2 〔옮긴이〕 지은이의 착오인 듯하다. 이스라엘 정부가 이 명령을 내린 것은 10월 12일이다.

밖에 없을 것이라고 말이다. 이렇듯 〔가자 주민의〕 강제 이주를 꾀하는 이들은 남부 국경 지역으로 추방당한 군중이 이스라엘의 폭격과 진군을 피해 이집트 영토로 몰려들기를, 그리하여 가자 시민에게 발포할 수 없는 이집트 당국이 이들을 억지로 받아들이기를 바라고 있음이 분명하다.

한편 서안 지구의 〔불법 유대인〕 정착민들은 알-아크사 홍수 작전을 기회로 C 구역(서안 지구에서 가장 넓은 범위를 차지하는 지역으로 서안 지구의 60퍼센트 이상이 포함된다)에 살고 있는 팔레스타인인에게 더 강한 압력을 가하기 시작했다. '팔레스타인 자치 정부'가 감독하는 지역이 아니라 요르단으로 이주하라고 말이다! 이는 시온주의 우파가 기회가 왔다고 판단하는 즉시 서안 지구 전체에서도 나크바를 완수하고자 한다는 사실을 또렷이 드러내 준다.

2023년 10월 31일

알-아크사 홍수 작전 이래 이스라엘 국가가 해 온 일의 충격을 축소하길 원하는 이들은 이스라엘 국가가 일상적으로 범죄를 저지르고 주기적으로 전쟁을 벌였기 때문에 가자에 대한 이번 맹공도 오래전부터 이어진 패턴을 반복한 것에 불과하다고 말하곤 한다. 물론 범죄와 공격은 전쟁과 '인종 청소'에 기반한 정착민-식민 국가인 시온주의 국가의 두 근본 기둥이다. 그럼에도 최근 이스라엘이 가자에 퍼붓고 있는 공격의 심각성을 축소하고 이것이 나크바부터 근래까지 팔레스타인 인민이 겪은 이전의 모든 비극과 질적으로 구분된다는 사실을 부정하면 시온주의자 및 그 지지자—가자 측 사망자 수가 선전을 위해 부풀려졌다는 거짓 소문을 퍼뜨리는—의 오류와 한배를 타게 된다.

진실은 이것이다. 가자에 대한 최근 공격은 가장 명확한 형태의 집단 학살 전쟁이라는 것. 이 전쟁은 대량 살해와 '인종 청소'를 포함하며, 이는 국제법에서 반인도적이라 분류하는 두 가지 범죄다. 반인도적 범죄라는 차원에서 이번 전쟁은 시온주의 군대가 1949년부터 현재까지 저지른 모든 것을 질적으로 뛰어넘는다. 나크바 시기에 벌어진 일들만이 이에 비견할 만하지만, 살해, 파괴, 강제 이주의 강도라는 측면에서 보면 나크바조차 능가한다. 1947~1949년의 나크바는 팔레스타인 땅을 장악하고 '인종 청소'를 실행하는 것이 목표인 전쟁이었다. 점령된 영토에서 살아가던 인구의 압도적 다수가 난민 처지가 되었고, 추정에 따르면 당시 팔레스타인 거주 아랍인 130만여 명 중 11,000명 이상이 살해되었다.

가자에 자행된 이번 공격을 보자. 7주가 채 지나지 않은 현재 가자 지구 주민 230만여 명 중 최소 15,000명이 사망했고, 거주민 절반 이상이 북부에서 남부로 쫓겨났다. 이 공격은 이들을 팔레스타인에서 추방하는 것(이것이 극우 시온주의 세력이 원하는 바다), 적어도 이스라엘군의 감독하에 강제 수용소 역할을 할 난민촌이 있는 이집트 국경 지역으로 몰아내는 것의 준비 과정이었다. 그리고 이는 시온주의 공격의 첫 국면이 초래한 결과에 불과하다. 이 첫 국면에서는 가자 지구 북부가 표적이 되었으며, 남부를 겨냥한 둘째 국면이 뒤따를 것이다. 그때는 사상자 수가 훨씬 늘어날 것이다.

바로 이것이 1945년 일본에 원자 폭탄이 투하된 이래 세계의 그 어떤 전쟁도 능가하는 살해와 파괴의 광기 와중에 벌어지고 있는 일이다. 미국 정부가 공격에 직접 공모했는데도 『뉴욕 타임스』조차 현재의 참상을 밝히는 기사를 내보내기에 이르렀다.[1] 11월 25일 자 『뉴욕 타임스』에는 「이스라엘의 폭격 세례가 역사적인 속도로 가자 민간인을 살해하고 있다」라는 로런 레서비의 기사가 실렸다. 레서비는 폭격의 속도(〔일시〕 휴전이 선포된 현재까지 15,000회에 달한)만이 아니라 폭격의 질도 문제라고 설명한다. 2차 대전과 한국 전쟁, 베트남 전쟁 이후에는 거의 사용되지 않은 2,000파운드(900킬로그램)짜리 폭탄을 이스라엘이 집중적으로 사용하고 있기 때문이다. 기사에서 인용하는 미군 관계자들에 따르면 금세기 들어 이 정도 구경이 사용된 적은 거의 없으며 심지어는 500파운드짜리 폭탄도 피하는 추세다. ISIS와의 전쟁 때 이라크의 모술이나 시리아의 라카가 그랬듯 인구가 밀집한 도시 지역에 떨어뜨리기엔 500파운드 폭탄도 너무 크기 때문이다. 2016년 10월에 시작되어 아홉 달간 이어진 모술 전투 때 ISIS와 미국이 주도한 국제 연합군 양측을 통틀어 약 10,000명이 살해되었다. 이는 7주가 채 되지 않는 기간에 이스라엘의 군사 작전으로 가자에서 살해된 사람 수의 3분의 2 정도다.

1 *New York Times*, 25/11/2023, https://www.nytimes.com/2023/11/25/world/middleeast/israel-gaza-death-toll.html.

이 수치를 더욱 위험하고 끔찍하게 만드는 것은 가자에서 시온주의 학살 기계에 희생된 이들의 약 70퍼센트가 여성과 어린이라는 사실이다. 이는 현대의 어떤 전쟁보다도 비할 바 없이 높은 비율이다. 『뉴욕 타임스』 기사는 지난 7주간 이스라엘의 폭격 세례에 사망한 어린이 수가 지난해 세계 각지에서 벌어진 전쟁들(2022년 2월에 시작된 우크라이나 전쟁을 포함해)로 살해된 어린이 수 전체를 상회한다고 밝혔다.

이번 달 13일에 『워싱턴 포스트』에서 발표한 다른 기사는 광기 어린 이번 폭격으로 지난 한 달간 가자에서 살해된 어린이 수가 예멘 전쟁과 이라크 전쟁에서 살해된 어린이 수보다 많으며, 10년간 이어진 시리아 전쟁에서 살해된 어린이 수의 3분의 1에 달한다고 발표했다.[2] 이 기사는 한 달 동안 가자에서 살해된 어린이 수를 전쟁 중에 이라크, 예멘, 아프가니스탄, 시리아에서 한 달 평균 얼마나 많은 어린이가 살해되었는지와 비교하고 있기도 한데, 그에 따르면 가자 4,125명, 이라크 19명, 예멘 41명, 아프가니스탄 56명, 시리아 100명이었다. 어린이 살해가 학살의 적나라한 특징이라는 사실은 결코 비밀이

2 *Washington Post*, 13/11/2023, https://www.washingtonpost.com/world/interactive/2023/gaza-rising-death-toll-civilians.

아니다. 표적으로 삼은 인민을 절멸하겠다는 의지를 고스란히 노출하기 때문이다.

이 모든 데이터는 알-아크사 홍수 작전 이후 시온주의 국가가 가자 주민을 상대로 벌인 학살 전쟁의 실상이 얼마나 엄중한지를 증명한다. 이스라엘 유대인들 사이에서 자라나고 있는 극단적인 복수심과 시온주의 극우가 권력을 차지한 현실을 고려할 때, 맨정신이라고 보기 힘들 정도의 폭력이 자행되리라는 것은 불을 보듯 뻔했다. 그리고 이스라엘의 소위 '자위'권(이로 인해 살해당한 사람 수는 알-아크사 홍수 작전의 결과로 발생한 인명 피해의 열 배가 넘는다)을 구실로 서양 정부들이 시온주의의 맹공에 보낸 지지—미국과 독일을 비롯한 여러 국가는 이스라엘과 동지중해에 군대를 파병한 것으로도 모자라 휴전 요청마저 거부했다—는 진정 엄중한 결과를 초래하고 있다.

이는 정부들이 학살 전쟁을 공공연히 지지했던 지난 세기 중반 이래 처음 있는 일이다. 더욱 심각한 것은 아랍 정부들의 공모다. 이 정부들은 석유가 자신의 소유물 가운데 팔레스타인 인민을 도울 수 있는 가장 강력한 압박 수단이라는 것을 알고 있음에도 〔10월 7일 이후〕 지금까지 석유를 무기 삼기를 회피해 왔다. 이들이 석유의 무기화를 꺼리는 것은 유가 재상승에 대한 서양 나라들의 우려 탓이다. 유가 재상승이 경제적인 곤란함을 유발할 뿐 아니라 일차적으로 우크라이나와 전쟁 중인 러시아의 재정적 이익(이 측면에서 러시아는 여러 어려움에 직면해 있다)에 일조할 것이기 때문이다.

2023년 11월 28일

6 알-아크사 홍수 작전과 하마스의 오판[1]

가자 지구에 대한 시온주의의 학살 전쟁이 시작된 지 두 달 가까이 지났다. 이번 공격의 희생자 수는 24,000명이 넘으며, 여기에는 신원이 확인된 이들과 여전히 잔해 아래 실종된 사람들이 포함된다. 부상자는 40,000명에 육박하며, 심각한 상해를 입거나 장애인이 된 이들이 높은 비중을 차지한다. 일주일간의 휴전 기간〔2023년 11월 24~30일〕이 찾아오기 전 7주 동안 팔레스타인을 점령하고 절멸하려는 군대—이스라엘 '방위'군이라고 그릇되게 불리는—는 광기 어린 폭격을 퍼부으며 가자 지구의 건물 10만 채 이상을 파괴했다. 그리고 이제는 그나마 남은 것들도 파괴하기 시작했으며, 가자 지구 북부에서 공격의 초점을 옮겨 남부에 화력을 집중하고 있다. 시온주의의 살해와 박해가 서안 지구에서도 고조되는 한편, 1948년의 나크바를 가자에서의 나크바—이미 앞선 어떤 전쟁보다도 가혹함과 흉포함을 드러낸—로 완수하는 과정이 전개되고 있다. 이 거대한 재앙에 직면해 우리는 알-

1 〔옮긴이〕 https://gilbert-achcar.net/aqsa-flood-miscalculation.

아크사 홍수 작전을 고안한 이들이 어떤 계산을 거쳐 결과가 뻔히 보이는 이번 작전을 개시하게 되었는지 검토할 필요가 있다.

이와 관련해 정반대되는 두 가설이 있다. 하나는 작전을 계획한 이들이 지금까지 벌어진 것과 같은 재앙을 초래할 것임을 알았지만 신경 쓰지 않았다는 가설이고 다른 하나는 이들이 오판을 범했다는 가설이다. 두 가지 주된 측면에서 후자의 가설이 더욱 현실적이다. 첫째는 알-아크사 홍수 작전의 계획자들이 이스라엘 사회가 얼마나 극우화되었는지를 충분히 고려하지 않았다는 것이다. 이스라엘 정부는 리쿠드당부터 민족-종교당National-Religious Party과 오츠마 예후디트Otzma Yehudit〔유대인의 힘〕에 이르는 파시즘적인 시온주의 우파의 전체 스펙트럼을 아우르고 있다. 이 정치 현실과 10월 7일 작전의 심각성—점령에 맞서 팔레스타인 저항군이 단행한 이전의 모든 군사 작전을 능가한—이 상호 작용한 결과 이스라엘 측도 시온주의 군대가 이제까지 벌여 온 모든 것을 능가하는 대응을 펼쳤다. 그리고 시온주의 극우파는 이 트라우마를 기회 삼아 '대이스라엘' 달성 계획을 실행하기 시작했다. 이는 팔레스타인에 남아 있는 무엇이든 제거하고, 가자 지구를 시작으로 몰살과 강제 이주를 통해 팔레스타인 인민을 절멸하는 것을 뜻한다.

둘째 오판은 희망적 사고를 가동해 신이 내리는 기적을 기대했다는 것이다. 이 같은 사고는 이슬람 저항 운동 Islamic Resistance Movement(하마스)이 속한 정치 조류의 특징인 종교적 논리에 기반을 둔다. 이 기대는 알-아크사 홍수 작전이 이스라엘 국가에 대한 총력전을 촉발해 각지의 팔레스타인인만이 아니라 모든 아랍인과 무슬림이 참전할 것이라는 믿음으로 이어졌다. 작전 당일 오전에 무함마드 알-데이프(하마스의 무장 분파인 이즈 앗-딘 알-카삼 여단Izz ad-Din al-Qassam Brigades[2]의 단장)가 전달한 음성 메시지에서 이 미망의 가장 뚜렷한 표현을 확인할 수 있다. 그가 메시지로 공표한 내용은 따로 논평이 필요치 않다. 이스라엘 국가가 저지른 범죄들을 요약한 다음 그는 이렇게 말했다.

> 우리는 신의 도움을 빌려 이 모든 것에 마침표를 찍겠다는 결단을 내렸습니다. 이제 적들은 아무 책임도 지지 않고 흥청거리던 시간이 끝났음을 깨달을 것입니다. 〔…〕 우리의 정의로운 무자헤딘이여, 오늘은 범죄자인

2 〔옮긴이〕 팔레스타인은 국가가 아니기 때문에 국군이 없다. 정당 등 각 저항 세력은 산하에 무장 분파를 두고 있다. 이스라엘의 주요 협상 파트너인 파타Fatah는 오슬로 협정 후 공식적으로 무장을 해제했지만 인적으로 연계된 무장 분파들이 있다.

적들에게 저들의 시간이 끝났음을 일깨우는 날입니다. 〔…〕 싸웁시다. 천사들이 선봉에 나서 여러분과 함께 싸울 것입니다. 신은 말에 올라탄 천사들을 원병으로 보내 여러분에게 한 약속을 이행할 것입니다. 〔…〕 서안 지구에 있는 우리 청년이여, 소속 조직을 불문한 우리 모두여, 오늘은 점령자와 정착촌을 서안 지구의 우리 땅에서 쓸어 버리는 날, 저 길고 긴 고난의 세월 전체에 걸쳐 저들이 저지른 죗값을 치를 날입니다. 〔…〕 예루살렘에 있는 우리 인민이여, 자리를 박차고 일어나 여러분의 알-아크사 사원을 지원하고 여러분의 예루살렘에서 점령군과 정착민을 몰아냅시다. 점령당한 나깝, 갈릴리, 무쌀라쓰, 야파, 하이파, 아카, 루드, 람레의 인민이여, 죽이고, 태우고, 부수고, 오갈 길을 막읍시다. 우리를 약탈한 점령자들의 발아래 불을 지릅시다. 〔…〕 레바논, 이란, 예멘, 이라크, 시리아에서 이슬람 저항을 벌이고 있는 우리 형제들이여, 오늘은 여러분의 저항이 팔레스타인 인민과 하나 되는 날입니다. 끔찍한 점령자들은 종교 학자와 지도자를 암살한 광란의 시간이 끝났음을, 우리의 부를 약탈한 시간이 끝났음을, 시리아와 이라크에 매일같이 폭격을 퍼붓던 시간이 끝났음을, 내부 갈등을 이용해 한 민족을 분열시키고 여러 세력으로 조각낸 시간이 끝났음을 깨달을 것입니다. 지금은 모든

아랍과 이슬람 세력이 단결해 우리의 성지와 우리의 땅에서 이 점령을 쓸어 버릴 시간입니다.〔…〕
그날이 왔습니다. 오늘, 오늘, 총을 가진 사람은 누구든 꺼내 들어야 합니다. 총이 없다면 칼을, 손도끼를, 도끼를, 화염병을, 트럭을, 불도저를, 자동차를 사용합시다.〔…〕 오늘은 거대한 반란으로 세상에 남아 있는 마지막 점령과 마지막 아파르트헤이트 체제를 종식할 날입니다. 오 정의로운 남자와 여자여, 신의 책을 모조리 암기하는 이들이여, 오 서고 무릎 꿇고 엎드려 금식하는 예배자들이여, 모스크와 예배당에 모여 신에게 돌아가 그분께 저들의 죽음을 우리 앞에 내려 달라고, 당신께서 신뢰해 마지않는 천사들을 우리에게 보내 달라고, 해방된 알-아크사에서 기도하는 우리를 통해 당신의 희망을 실현해 달라고 간청합시다.

슬픈 진실은 군사적 저항과 국제적 압력을 통해 공격과 학살을 중단시키고 시온주의 국가가—팔레스타인 땅 나머지 전체를 장악하는 서막으로서—가자 지구 전체를 장악하지 못하도록 막는 것이 지금 상황에서 우리가 바랄 수 있는 최선이라는 것이다.

2023년 12월 5일

7 가자에 대한 이스라엘의 전쟁은 어디로?[1]

2023년 말인 현재 상황을 고려하면 시온주의 국가가 가자 지구에 개시한 전쟁이 새로운 국면으로 옮겨 갈 가능성이 있어 보인다. 알-아크사 홍수 작전 직후의 예비적인 1차 국면에서 〔이스라엘은〕 온전한 정신이라고 보기 어려울 만큼 살인적인 폭격을 집중적으로 퍼부었다. 뒤이은 2차 국면에는 지상군이 가자 지구 북부를 침공했으며, 3차 국면에는 칸유니스를 주된 표적으로 삼아 남부까지 침공을 확대했다. 가자 주민에게 피난처로 지정된 라파[2]는 비교적 피해가 덜하지만, 현장 상황과 국제적 분위기를 살핀 뒤 시온주의 지도자들이 극도로 고통받는 가자 지구에 부과할 운명이 이곳의 상황도 좌우할 것이

1 〔옮긴이〕 https://gilbert-achcar.net/whither-israels-war.

2 〔옮긴이〕 이스라엘 점령군은 집단 학살을 시작한 첫 주부터 수 차례에 걸쳐 라파를 "안전 지대"safe zone라 부르며 강제 이주를 명했다. 이로 인해 피난민이 몰려 원래 인구 275,000명이던 라파주에 가자 전체 인구의 60퍼센트가 넘는 150만 명이 거주하고 있다. 라파의 거리는 천막으로 붐비고, 집집마다 최소 20~100명이 함께 지내는 중이다. 2024년 2월 12일 이스라엘은 라파를 대규모로 폭격하며 최소 100명의 주민을 살해했고, 하마스를 최종적으로 소탕하겠다며 지상전을 예고했다.

다. 애초부터 이번 침공은 "병력 손실과 국제적인 압력이 결합해 중단을 강제하기 전에 이스라엘군이 무엇을 달성할 수 있느냐"에 의해 결정될 터였다.[3]

예비적인 폭격 국면은 3주간 지속되었다. 폭격이 오래 이어진 첫째 이유는 이스라엘군 지휘부가 허를 찔렸기 때문이다. 시온주의 정부는 알-아크사 홍수 작전에 대응해 개시한 것과 같은 침략 전쟁을 준비해 오지 않았고, 따라서 이번 공격을 준비하고 계획할 시간이 필요했다. 둘째 이유는 대다수 부국과 마찬가지로 이스라엘 군대가 비겁해졌고(유명한 이스라엘계 미국 군사 분석가인 에드워드 루트워크는 이를 "탈영웅적"이라고 일컬었다), 죽음을 두려워하지 않는 전투 부대의 저항에 맞닥뜨렸을 때 특히 그러했다는 것이다. 이스라엘 점령군은 가능한 한 최소한의 병력만을 희생시켜 전쟁을 치르려 했기에 원격 전투 수단을 매우 폭넓게 활용했다.

이 마지막 고려 사항에 입각해 가자 같은 도시 지역을 침공하면 극도로 집중적인 파괴가 초래되고 지역의 민간인 인명 피해가 막심해진다. 최근의 공격이 그토록 학살에 가까운 양상을 보인 것도 이 때문이다. 현재까지 20,000명에 달하는 팔레스타인인이 살해당했는데 대부

3 이 책 47쪽을 보라.

분이 민간인이다. 뿐만 아니라 수천 명이 잔해 아래 실종된 상태다. 반면 이스라엘에 따르면 이스라엘군은 125명의 군인만을 잃었다. 이스라엘의 병력 손실이 현재의 공식 집계를 크게 상회할 수도 있다. 부상자 수가 사망자 수에 비해 적잖이 많을뿐더러 상당수 부상자가 심각한 상해를 입었다는 사실을 감안하면 더욱 그렇다. 하지만 이 논리는 팔레스타인 부상자들에게도 적용할 수 있으며, 침공과 그에 수반된 치명적인 봉쇄의 간접적인 희생자 수는 참작되지도 않았다. 그러므로 여전히 전개 중인 이 전쟁은 양측 사망자 수의 불균형이라는 측면에서 전쟁사를 통틀어 기록적인 사례가 되었다. 어느 정도는 대량 살상 무기를 민간인 거주 지역에 일방적으로 사용한 경우에 더 가깝다.

시온주의 군대는 가자 지구 북부의 건물 대부분을 파괴하고, 그곳 주민 대다수를 쫓아내며, 몸서리쳐질 만큼 높은 비율의 사람을 살해한 뒤 이 지역을 장악하는 데 성공했다. 그리고 이제는 남부—특히 그중 북쪽과 동쪽 지역들—를 엄격히 통제하는 데 주력하고 있다. 그사이 시온주의 군대가 저지른 살해와 파괴의 충격에 촉발된 저항이 세계 전역에서 확대된 반면 알-아크사 홍수 작전으로 이스라엘인들이 얻은 공감은 점점 옅어지고 있다. 〔이스라엘 국가 등이〕 선전을 통해 그런 공감을 소생시키고자 애쓰고 있음에도 그렇다. 시온주의 정부에 대한 국제적인 압력이 증대해 추가적인 대규모 살해와 파괴를 중단하라는 촉구가 빗발치는 중이다. 그리고 이제는 이스라엘이 무시할 수 없는 유일한 정부인 미국조차 이 압력에 가세했다. 가자에 대한 전쟁에서 미국이 동반자 역할을 맡아 군사적, 정치적으로 지원하지 않았다면 이스라엘이 이 기간에 그토록 강도 높은 전쟁을 벌이기란 불가능했을 것이다.

그러므로 점령군은 원하지 않더라도 며칠 내에 침공과 집중 폭격을 중단하게 될 것이며, 자신이 침공한 땅, 즉 가자 지구 대부분에 대한 통제를 강화하고자 애쓰면서 4차 국면으로 넘어갈 것이다.[4] 그 과정에서 이들은 이 지역에 남아 있는 모든 저항을 뿌리 뽑고 〔하마스가 구축한〕 지하 터널망을 파괴하기 위한 '저강도 전쟁'을 이어갈 것이다. 이스라엘은 미국과 여타 서양 정부가 '저강도 전쟁'이라는 4차 국면을 계속 지지하리라는 사실을 알고 있다. 이 정부들이 알-아크사 홍수 작전 초기부터 하마스를 ISIS에 비유하며 하마스 소탕이라는 목표에 힘을 보태겠다고 공언했기 때문이다. 장기 목표(이는 5차 국면의

4 〔옮긴이〕 2024년 2월 중순에도 4차 국면은 전면화되지 않았다. 이스라엘은 이를 최대한 지연시키는 데 성공을 거두고 있다.

성격에 좌우될 것이다)로 말하자면 시온주의 군대가 자신이 장악한 지역에 대한 통제를 강화하는 데 어느 정도나 성공할지, 이스라엘이 팔레스타인 주민 다수의 귀환을 차단하는—이들이 다시 한번 저항의 온상이 되어 점령군의 진을 빼지 않도록—'2차 나크바'를 계속 시행할지에 따라 결정될 것이다.

이스라엘의 관점에서 앞으로 전개될 상황은 극우 시온주의 각본과 시온주의 국가 지도부 내에서 나름의 세력 균형이 유지됐을 때의 각본 사이에 걸쳐 있다. 전자는 가자 지구에서 정착민 식민주의를 진척시켜 이스라엘로 병합하기를 요구하는 것이고, 후자는 서안 지구에 만연한 억압을 가자 지구에서 반복하는 것과 유사할 것이다. 따라서 이스라엘 점령군은 가자 지구의 경계 안쪽으로 거대한 전략적 안보 벨트를 (요르단 계곡과 비슷하게) 설정해 통제할 것이며, 인구 밀집 지역들 사이에 있는 여타 완충 지대를 유지할 것이다. 이 완충 지대들이 서안 지구의 'C 구역'에 형성된 것과 유사한 정착촌 건설 운동의 기회를 제공할 것이기 때문이다. 가자 지구의 나머지 구역은 팔레스타인 지도부가 명목상의 통치권을 확보할 텐데, 그 통치권의 성격이 어떠해야 할지를 두고 이스라엘 정부와 미국 및 그 동맹들 사이에서 여전히 논전이 벌어지는 중이다.

실제로 미국 행정부는 바이든 대통령의 요구에 따라 가자 지구에서 라말라 기반의 '팔레스타인 자치 정부'를 '소생'시켜 그곳에 권력을 넘기길 바라고 있다(이 과정이 어떻게 완수될지는 바이든과 그의 행정부를 포함한 모두에게 여전히 불투명한 상태다). 다른 한편으로 네타냐후와 그의 시온주의 극우 동맹들은 서안 지구와 가자 지구를 통치하는 단일한 자치 정부의 수립에 반대한다. 이는 장래에 '팔레스타인 국가'의 선포를 받아들이라는 압력을 피하기 위해서다. 이런 환경에서 국가가 수립되어 봤자 현실적으로는 기본적인 사안들에 대한 주권을 박탈당한 일종의 주州에 지나지 않으며 본질적으로는 점령의 지속에 불과할 뿐임에도 그렇다.

2023년 12월 19일

8 가자의 위기
질베르 아슈카르와의 인터뷰

이 인터뷰는 2009년 1월 16일에 진행되어 『아이리시 레트프 리뷰』에 실렸다. 당시는 캐스트 리드 작전Operation Cast Lead으로 알려진 이스라엘의 가자 공격이 막바지에 이른 시점이었다. 2008년 12월 27일에 시작된 이 가자 전쟁은 팔레스타인인 사망자 1,400명과 이스라엘인 사망자 13명을 낳고 2009년 1월 18일에 종결되었다. 이스라엘 군대는 캐스트 리드 작전의 목표가 로켓 발포를 중단시키는 것이라고 주장했다. 이스라엘은 군사적 표적이라고 주장한 것만 공격하는 데 그치지 않고 관청과 가자의 인구 밀집 지역인 칸유니스와 라파에도 폭격을 퍼부었다.〔원서 편집자〕

대니얼 핀 가자 지구에 대한 현재의 공격에서 이스라엘은 무엇을 주된 전략적 목표로 삼고 있을까요?

질베르 아슈카르 음, 사실 복잡한 문제입니다. 여러 층위가 결합해 있어요. 넓게 보면 이번 공격은 한편의 이스라엘과 다른 한편의 하마스와 헤즈볼라 사이에서 이어져 온 투쟁의 일부입니다. 이 투쟁이 앞서 마지막으로 정점에 도달한 것은 이스라엘이 가자와 레바논(당시의 주된 공격 대상) 모두를 상대로 전쟁을 벌인 2006년 여름이었습니다. 그 전쟁은 이란과 대립 중이던 부시 행정부의 글로벌 전략과 연관돼 있었습니다. 워싱턴에서는 하마스와 헤즈볼라가 이란 국가의 도구며, 따라서 이스라엘의 안보를 안정화하고 이 지역에서 미국의 헤게모니를 지키려면 분쇄해야 하는 세력 동맹의 일부라는 생각이 널리 퍼져 있었거든요. 그러므로 이번 전쟁은 지난 몇 년간 전개된 동일한 전쟁의 다음 단계입니다.

초점을 좁혀 본다면 12월 27일이라는 시점에 전쟁이 개시된 것은 당연히 더욱 단기적인 정치적 고려 사항들과 관계가 있습니다. 우선 부시 행정부가 곧 무대에서 내려올 예정이죠. 그리고 미국의 중동 정책이 크게 바뀌리라고 이스라엘 정부가 두려워할 실질적인 근거가 없음에도 불구하고, 오바마 팀이 보내는 모든 신호를 미루어 판단하건대 오바마가 선거 캠페인 기간에 공언한 대로 새로운 미국 행정부가 이란과 대화를 시도할 것이라는 전망이 남습니다. 그 경우 이란과의 대립에서 미국이 취해 온 강경한 태도가 완화될 수도 있겠죠. 이를 염두에 두면 군사 작전이 바로 지금 개시된 이유 중 하나를 이해할 수 있습니다. 즉 미국의 차기 행정부가 출범 초기부터 중동의 새로운 주요 위기에 대응할 필요가 없게 만드는 것입니다. 이 일이 부시 정권기에 벌어진 것으로 해서 오바마 팀의 부담을 덜어 주는 것이죠.

문제는 작전이 예상보다 훨씬 오래 이어지고 있다는 것인데, 이는 이스라엘의 최근 공격에서 반복되는 패턴입니다. '6일 전쟁' 같은 것은 옛말이 되었죠. 이스라엘 정부 입장에서 이상적인 상황—이 가능성에 관해서는 몇 달 전에 많은 논평이 쏟아졌는데요—은 부시 행정부가 무대에서 내려오기 전에 이란 자체를 공격하는 것입니다. 그렇지만 이는 부시 행정부가 맞닥뜨린 심각한 곤경과 결부된 여러 이유로 불가능해졌습니다. 레임덕에 시달리는 탓에 대통령의 정치적 영향력이 전반적으로 줄어들었을 뿐 아니라 경제 위기까지 터졌으니까요. 경제 위기 상황에서 이란과 군사적으로 대립하면 분명 글로벌 경제의 이해 관계에 해를 끼치겠죠〔이 인터뷰는 이란 핵 시설에 대한 공습을 허가해 달라는 이스라엘의 요청을 부시 행정부가 거부했다는 『뉴욕 타임스』의 폭로 기사[1]가 나가기 전에 실시되었다—원서 편집자〕. 그래서 이스라엘은 원하던 이란 대신 자신이 보기에 이란의 대리 집

1 *New York Times*, 10/01/2009, https://www.nytimes.com/2009/01/11/washington/11iran.html?_r=1.

단인 하마스를 공격하고 있습니다.

그보다도 좁은 관점에서는 이스라엘의 선거라는 문제도 있습니다. 알다시피 이스라엘에서는 곧 새로운 선거들이 치러질 예정이고, 여러 정당이 이스라엘 연립 정부에 참여하고 있죠(에후드 올메르트와 치피 리브니의 카디마당과 에후드 바라크의 노동당은 이스라엘의 주류 시온주의 무대에서 극우파를 대표하는 리쿠드당의 강력한 도전에 직면해 있습니다).[2] 네타냐후는 분명 극우적인 선거 캠페인을 펼칠 것이고, 어떤 의미에서 이번 맹공은 〔연립 정부가〕 이를 선수 치는 것이기도 합니다. 이런 쟁점들 전체를 고려에 넣는다면 하나의 과잉 결정을, 즉 이 작전이 바로 지금 개시된 복수의 이유를 이해할 수 있을 겁니다. 나머지 모든 것, 하마스가 발포한 로켓 등등은 구실에 불과하죠. 2006년 7월 헤즈볼라가 두 명의 군인을 납치했다는 구실로 이스라엘이 사전에 계획해 둔 전면 공격을 실시했듯이요.

대니얼 핀 이스라엘이 하마스 및 헤즈볼라와 마지막으로 심각하게 대립했던 것은 2006년인데요. 그 전쟁은 이

2 〔옮긴이〕 가자 지구 침공이 끝난 직후인 2009년 2월에 이스라엘 총선이 치러졌다. 카디마당이 여전히 최대 의석을 차지했으나 의석 과반을 요하는 연립 정부 구성에 실패했고, 네타냐후가 이끄는 리쿠드당이 연정 구성에 성공해 집권 여당이 되었다.

스라엘 국가에 커다란 좌절을 안기며 마무리되었고 정치, 문화 엘리트들에게 온갖 비난을 받았습니다. 이번에 이스라엘이 그때의 좌절을 반전시켜 승리를 선포할 현실적인 기회를 잡았다고 생각하시나요? 아니면 또 다른 패배에 직면하게 될까요?

질베르 아슈카르 음, 현재 상황이 극도로 위험하고 우려스러운 까닭이 바로 거기에 있습니다. 생각해 봅시다. 이번 맹공은 12월 27일에 시작되었습니다. 전투가 치러진 약 2주 동안 이미 심각할 정도로 많은 사상자가 나왔어요. 레바논에서 첫 2주간 집중적으로 폭탄을 투하했을 때보다 많아요. 레바논 인구가 가자 인구의 세 배 가까이 되니 비율로 따지면 훨씬, 훨씬 많은 것이고요. 2006년 여름에 레바논에서 참패를 맛본 이스라엘로서는 또 한 번의 참패를 용인할 수 없을 것이고, 그런 점에서 현재 상황은 대단히 우려스럽고 위험합니다. 그리 중요하지 않은 정치적 계산일지 몰라도 이스라엘은 새로운 실패를 감당할 여유가 없어요. 전략적인 수준에서도, 기회주의적이거나 단기적인 수준에서도요.

한편으로 새로운 실패에 맞닥뜨린다면 이스라엘 국가는 소위 군사적 신뢰도를 크게 잃을 겁니다. 이번 적수인 가자의 하마스가 레바논의 헤즈볼라보다 훨씬 약하니까요. 레바논 시아파 공동체에서 헤즈볼라가 행사하는 영향력은 가자에서 하마스의 영향력보다 분명 강합니다. 가자에서는 하마스와 자치 정부/파타가 격렬히 경합 중이죠. 동일한 유권자를 대상으로 몇몇 다른 집단도 경쟁에 참여하고 있고요. 물론 이를 넘어 매우 명백한 이유로 헤즈볼라는 가자의 하마스보다 훨씬 많은 무기를 보유하고 있었습니다. 가자는 작은 땅이고 고립된 채로 엄격한 감시에 시달리고 있어요. 경화기를 얼마간 밀반입할 수는 있지만 주요 무기는 들여올 수가 없죠. 반면 레바논에서 헤즈볼라는 시리아의 지원 덕분에 특별한 어려움 없이 중요한 무기 공장을 세울 수 있었습니다.

그러니 헤즈볼라보다 약한 하마스를 상대로 이스라엘이 두 번째 실패를 경험한다면 이스라엘로서는 분명 끔찍한 재난일 겁니다. 2006년보다 더 최악이겠죠. 부차적인 정치적 계산—이것이 둘째 논점인데—은 말할 것도 없습니다. 이스라엘의 연립 여당이 또 한 번의 실패로 이 전쟁을 마친다면 연정에 참여한 정당들은 선거에 나올 필요도 없을 거예요. 출마해 봤자 네타냐후가 완전히 박살 낼 테니까요. 이들도 그 사실을 알고 있고요. 이 두 이유〔군사적 신뢰도 상실과 정치적 지지도 하락〕 때문에 이들은 실패를 감당할 수 없고, 이것이 현재의 상황을 대단히, 대단히 우려스럽게 만들고 있습니다. 이들은 부상당한 동물wounded beast 증후군을 발전시켜 지금보다도 더

흉포해질지 모릅니다. 이스라엘의 잔혹성은 전쟁을 거듭하며 갈수록 심해졌어요. 이미 2006년의 33일 전쟁은 이스라엘의 오랜 전쟁사에서 가장 악랄한 공격이자 가장 악랄한 권력 활용이었습니다. 민간인 지역을 포함해 레바논 전역에 융단 폭격을 가했죠. 그때나 지금이나 구실은 전투원들이 주민 틈에 숨어 있다는 것입니다. 이보다 위선적인 논리가 있을까요? 전투원들이 황무지 같은 곳에 재집결해 '이곳을 폭격하시오'라는 푯말이라도 박아 놔야 한다는 걸까요? 말도 안 되죠. 진실은 이스라엘이 〔레바논과 가자 지구의〕 대중적인 정치 정당들을 분쇄하고자 애쓰고 있다는 겁니다. 물론 이들은 무장 정당이지만 무장해야 하는 이유는 끝없이 위협받고 있기 때문이죠. 이들은 무장한 대중 운동이에요. 무장 대원 대부분은 병영에서 생활하는 전문 전투원이 아니고요. 문제의 이런 측면들을 모두 고려할 때 국제 인도주의 단체들이 점점 더 많은 우려를 표명하는 데는 매우 뚜렷한 근거들이 있다고 할 수 있습니다.

가자 주민이 진정 대규모 절멸의 위협에 처해 있음을 이제는 수많은 사람이 깨닫고 있습니다. 이건 흔히 쓰이는 과장법이 아니에요. 이런 수준의 잔인함이 매일같이 자행되고 민간인이 집중된 지역을 대량 살상의 표적으로 삼는 소위 '사고'accident가 갈수록 더 많이 벌어지고 있음을 감안하면 냉정한 평가라 할 수 있습니다. 이스라엘 입장에서 실패를 막을 유일한 대안은 민간인 거주 지역에 지상 공격을 가하는 것입니다. 따라서 최악의 각본이 현실화될 가능성이 상당히 크고 그렇게 된다면 수천 명이 살해당하겠죠. 부상자와 장애를 입는 사람은 더욱 많을 테고요. 이루 말할 수 없이 두려운 상황입니다.

대니얼 핀 하마스가 이스라엘과의 이번 대립에서 부분적으로나마 승리자로 여겨지려면 무엇을 해야 할까요? 살아남는 것으로 충분할까요? 계속 버티기만 하면 될까요?

질베르 아슈카르 만약 하마스가 이번 전쟁을 버텨 낸다면 그렇겠죠. 지리적 조건 때문에 이들은 〔2주 만에〕 이미 2006년의 헤즈볼라보다 높은 비율의 사상자를 냈습니다. 기억하시겠지만 이스라엘은 폭격을 시작한 당일 하마스 경찰 건물들을 표적으로 삼았고 공격으로 많은 사람이 살해당했습니다. 그런데 지도부나 기본 구조 층위에서 하마스가 중요한 그 무엇도 양보하지 않는다고 칩시다. 가령 "우리는 로켓 발사를 중단할 것이다. 그렇지만 당신들 이스라엘이 우리에게 발포하기를 그치고, 봉쇄를 해제하며, 더는 우리를 옥죄지 않을 것임을 보증하라" 같은 식으로 말이죠. 이런 식의 협상을 통해 조직을 거의 보존하는 데 성공한 상태로 이 전쟁에서 빠져나

오게 된다면 이는 이스라엘의 실패를 뜻할 것이고, 하마스에게는 헤즈볼라가 2006년에 거둔 것과 같은 정치적 승리로 여겨지겠죠.

하지만 우리가 대화를 나누고 있는 바로 지금 이 가능성은 순전히 가설에 불과합니다. 사태가 어떻게 전개될지 예측할 수 없으니까요. 확실한 것은 이스라엘의 이번 맹공이 세계적인 수준에서, 적어도 중동 역내 수준에서 하마스의 인지도를 엄청나게 끌어올렸다는 것입니다. 그렇지만 이것이 가자의 팔레스타인인들에게도 당연히 적용될 것이라고 생각해선 안 됩니다. 왜냐하면 가자에서는 하마스와 파타가 경쟁하고 있기 때문입니다. 이 점에 관해서는 정보들이 엇갈립니다. 물론 파타 지지자들은 “하마스가 우리를 이 끔찍한 상황으로 몰아넣었고 우리는 이들 때문에 고통받고 있다. 당연히 우선 비난해야 할 대상은 이스라엘이다. 하지만…”이라고 말할 겁니다. 우리는 일부 아랍 정부가 이 “하지만”을 운위하는 것을 들어 왔죠. 이스라엘의 이번 맹공과 결탁했음이 매우 명백한 이집트 정부는 처음부터 이런 입장을 표명했습니다. 또 미국과 우방 관계인 아랍 나라들도 이렇게 말하고 있고요. 우리가 2006년에 들었던 것과 같은 수사법이죠. 그때도 이스라엘이 레바논을 공격했는데 헤즈볼라를 비난했으니까요. 하마스가 최종적으로 어떤 정치적 결과를 얻을지는 앞으로 두고 봐야 알 것 같습니다. 제 생각에 장기적으로, 심지어 중기적으로도 하마스가 어찌 될지 평가하기에는 너무 일러요. 방금 말했든 당분간 유일하게 확실한 것은 역내에서 하마스의 인지도가 상승하리라는 것이고, 이는 이스라엘이 아랍의 어느 지역을 골라 공격할 때마다 거의 자동으로 벌어졌던 일입니다. 표적이 된 집단은 자동으로 인지도가 올랐죠. 이스라엘에 대한 증오심과 이스라엘이 아랍 지역에 끝없이 퍼부은 공격에 대한 분노 때문에요. 이스라엘에 희생된 집단이, 특히 이스라엘에 저항한 세력이 이 지역에서 인지도를 확보하는 건 너무나 당연합니다.

대니얼 핀 지난주에는 파타의 젊은 세대 사이에서 일정 정도 불만이 쌓였다는 얘기가 나왔는데요. 마르완 바르구티[3]가 옥중에서 마흐무드 압바스의 성명을 비판하는 메시지를 발표했다는 소식도 전해졌습니다. 최근 들어 파타의 지도부가 약화되고 있는 상황에서 이러한 불만이 실질적인 형태를 갖출 수 있을까요? 파타의 지도부

3 〔옮긴이〕'팔레스타인의 만델라'로 불리며 차기 대통령으로 거론되는 파타 소속 정치가. 2002년 자살 폭탄 공격을 지휘했다는 죄명으로 종신형을 선고받았다. 하마스는 석방될 수감자 명단에 팔레스타인 해방 인민 전선PFLP의 사무 총장 아흐마드 사다트와 마르완 바르구티가 포함돼야 한다고 구체적으로 요구해 왔다.

가 바뀔 가능성이 있을까요?

질베르 아슈카르 어떤 의미에서 바르구티는 파타의 예비 카드입니다. 마흐무드 압바스는 이미 자신의 카드를 대부분 써먹었어요. 더는 신임받지 못하는 인물이고, 역내 게임에서 종복으로, 보잘것없는 졸개로 취급받습니다. 파타 내에서조차 인기가 없어요. 그러니 파타에는 지금 당장, 그게 아니더라도 최대한 빨리 또 다른 지도자격 인물이 필요해요. 바르구티가 하나의 대안이 되겠죠. 하지만 투옥된 상태이기 때문에 그의 운명은 이스라엘과 워싱턴에 크게 좌우될 겁니다.

풀려난 뒤 바르구티가 어떻게 행동할지는 지금 시점에 뭐라 말하기가 어렵네요. 주된 문제는 그가 미국과 그리고 팔레스타인인 중 미국의 최고 앞잡이인 무함마드 다흘란[4]과 어떤 관계를 맺을 것이냐입니다. 다흘란과 바르구티는 2006년 1월 선거 때 동맹을 맺었죠. 이들이 앞으로도 협력을 유지하며 압바스 이후의 파타를 좌우하는 응집력 있는 팀을 이룰지 아니면 경쟁 관계에 돌입할

4 〔옮긴이〕 2006년에 하마스가 총선에서 승리하기 전까지 가자 지구 최고 실력자였던 파타 소속 정치가. 2011년 압바스 대통령에게 추방당한 뒤 아랍 에미리트 연합국에 거주하며 사업 수완을 발휘해 백만장자가 되었다. 이스라엘과 미국이 선호하는 정치가로 현재 '전쟁 후 가자 지구'를 통치할 인물로 거론되고 있다.

지는 두고 볼 문제입니다.

대니얼 핀 당신이 말했듯 특히 이집트 정부가, 그리고 어느 정도는 미국 친화적인 모든 아랍 정부가 이스라엘과 공모 관계에 있다고 여겨져 왔습니다. 무바라크 정부가 대표적이고요. 당신이 설명한 것처럼 이스라엘이 부상당한 동물이라도 된 듯 더욱더 잔인한 방법으로 팔레스타인인의 삶을 파괴한다면, 이집트 정부는 자국 인민이 터뜨릴 분노를 어떻게 억누를 수 있을까요? 이집트 인민이 이미 매우 분노해 있는 듯 보이는 상황에서요.

질베르 아슈카르 음, 이 나라들이 공모자로 여겨지고 있다는 말은 정확하지 않아요. 실제로 이스라엘과 공모하고 있거든요. 이들은 맹공이 시작되기 전에 그 사실을 고지받았고 기사화되기도 했죠. 맹공이 시작된 당일에 런던에서 발행되는 아랍 일간지 『알-쿠드스 알-아라비』는 서안 지구 통신원의 기사를 실었습니다. 전날 카이로에 체류한 이스라엘 외무부 장관 치피 리브니가 이집트 당국에 이스라엘이 하마스에 대한 작전을 개시할 것이라고 말했다는 내용이었어요. 이집트 정보부 수장인 오마르 술라이만 장군은 리브니에게 하마스 전투원만을 표적으로 삼고 민간인에게는 피해가 가지 않도록 주의할 것을 요청했습니다. 기사가 나온 날 맹공이 시작되었고 첫 표적이 가자의 경찰서들이었습니다. 달리 말해 민간인을 피한 맹공이었고 구체적으로는 군대를 표적으로 삼았습니다. 따라서 이들〔이스라엘에 공모하는 나라들〕이 공격 소식을 미리 들었고 하마스에게 전하지조차 않았다는 데는 의심의 여지가 없습니다. 하마스는 맹공이 시작되었을 때 불의의 일격을 당한 셈이고 초기부터 많은 수의 병력을 잃었죠.

이집트 정부를 비롯해 미국 친화적인 아랍 정부들은 하마스가 약화되기를 간절히 바라고 있습니다. 하마스를 쓸어 버리려 하는 건 아니에요. 그것이 가능하더라도 이들이 알고 있듯 트라우마를 초래할 만큼 막대한 인명 피해를 남길 테니까요. 이들은 하마스가 무력해지는 편을 선호합니다. 이란과의 관계를 끊는 것 외에는 대안이 없고 살아남기 위해서는 자신들에게 의존할 수밖에 없게 되기를요. 이것이 그들이 바라는 것이죠. 이들은 유순한 하마스를 원하고 이스라엘이 하마스를 길들이길 기대하고 있습니다. 이스라엘이 하마스에 교훈을 가르치고 이집트뿐 아니라 사우디와 요르단이 하마스에 이렇게 말할 수 있기를요. "이봐, 우리에게 협력하는 것 말고 다른 선택지는 없어. 우리가 제시한 조건을 받아들여 이란이나 시리아와의 관계를 완전히 끊고 판에 끼든지, 아니면 너희를 뭉개 버릴 이스라엘을 혼자 상대하든지."

물론 이스라엘의 작전이 역효과를 낸다면 이들은 순

전한 기회주의에 입각해 곧바로 변절할 겁니다. 편을 바꿔 이스라엘을 비난하고 온갖 규탄 성명을 발표하겠죠. 물론 딱 어느 한도까지겠지만요. 이집트 정부는 자국과 가자 사이의 국경 지역에 국제 병력을 배치하는 문제를 두고 의견 차이를 더 벌릴 수도 있겠죠. 이스라엘은 요구하고 이집트는 거부하니까요. 이집트와 여타 아랍 정부들은 이런 종류의 불화를 과장하면서 이스라엘과 대립각을 세우는 척하곤 합니다. 하지만 일정한 선을 넘지는 않습니다. 이스라엘의 군사력을 익히 알고 있고 자국민의 복지를 책임져야 하기 때문이라는 거죠. 하마스처럼 정신 나간 친구들과는 다르다는 거예요. 이것이 이들의 위선적인 담론입니다.

대니얼 핀 헤즈볼라는 레바논에서 하마스 및 가자 인민과 연대하는 의미로 매우 규모가 큰 집회들을 조직했습니다. 헤즈볼라가 이런 식으로 계속 정치적인 지지만을 보내게 될까요? 아니면 일각에서 우려 섞인 어조로 추측했듯 북쪽 국경에서 이스라엘에 맞선 2차 전선을 개시할 수도 있을까요?

질베르 아슈카르 그럴 가능성은 없다고 생각합니다. 어제 레바논에서 이스라엘 북부에 로켓을 세 발 쏘았죠. 다마스쿠스와 연계된 소규모 팔레스타인 집단이 발포한 것 같습니다. 헤즈볼라는 즉시 책임을 부인했고, 헤즈볼라도 참여 중인 레바논 연립 정부는 로켓 발포를 한목소리로 규탄했습니다. 거대한 집회가 열리고 정치적 연대가 표명되고 있기는 하죠. 하지만 헤즈볼라가 2006년의 경험에서 교훈을 얻은 것 또한 사실입니다. 2006년의 33일 전쟁을 기억한다면 헤즈볼라의 사무 총장인 하산 나스랄라가 인터뷰에서 이렇게 말한 걸 떠올려 볼 수 있을 겁니다. 그는 7월 12일에 두 명의 이스라엘 군인이 헤즈볼라에 납치되었을 때 이스라엘이 전쟁으로 대응하리라는 걸 알았다면 납치하지 않았을 거라고 했어요. 이런 뜻이었죠. "그들이 내 나라를 파괴하고 우리 인민 1,500명을 살해하리라는 걸 알았다면 그들에게 구실을 만들어 주지 않았을 겁니다." 인간적인 감정을 피력하며 그가 뜻한 바가 바로 이것입니다. 동시에 우리는 이스라엘에 납치가 구실이었음을 압니다. 군인이 납치되지 않았다면 이스라엘은 당시에 시도한 일을 위해 어떤 구실이든 찾아냈을—아니면 창조했을—테죠. 헤즈볼라는 유엔 안전 보장 이사회 결의안 1701호를 받아들였어요. 이는 레바논 남부에 레바논 병력뿐 아니라 국제군인 유엔 레바논 잠정군United Nations Interim Force in Lebanon, UNIFIL을 배치하는 걸 뜻했습니다. 헤즈볼라의 이해 관계에 완전히 부합하는 결정은 아니었어요. 잠정군이 주로 나토 병력으로 구성되어 있어 헤즈볼라에 위협이 될 여지가 있었으니까요. 그럼에도 결의안을 받아들인 까닭은 남은 대안이 저 끔찍한 전쟁을 계속하는 것밖에 없었고 더는 인명 피해를 감수할 수 없었기 때문입니다. 따라서 헤즈볼라는 전적으로 무책임한 계획으로 보이게 될 2차 전선 개시를 택할 수가 없어요. 특히 시리아와 이란 양쪽 모두가 승인하지 않는다면요.

다른 한편으로 하마스를 포함해 서안 지구의 팔레스타인인들이 전선을 개시하지 않는데 어찌 레바논이 2차 전선을 개시하길 기대할 수 있겠어요. 하마스는 서안 지구에서 로켓을 발포하지 않았습니다. 이는 가자에서만 전권을 장악하기로 한 하마스의 결정이 얼마나 심각한 오류였는지 보여 주죠. 팔레스타인 땅을 둘로 나누었으니까요. 다흘란이 미국과 이스라엘을 등에 업고 분주하게 조직한 쿠데타를 하마스가 사전에 차단한 게 잘못이라는 뜻은 아니에요. 그렇지만 팔레스타인 자치 정부 기관들에서 파타의 존재를 완전히 쓸어 버리지는 말았어야 합니다.[5] 투쟁을 위한 전략은 중동 역내 전체를 아우

5 〔옮긴이〕 2006년 자치 정부 총선에서 승리한 하마스는 자치 정부 내 기존 파타 세력을 견제했고, 양당은 통합 정부 구성 논의를 이어 가는 와중에도 총격전을 벌였다. 긴장이 극에 달한 2007년 파타는 미국과 이스라엘의 지원으로 쿠데타를 일으켜 서안 지구를 장악했다.

르는 수준에서 설계되어야 하는데 팔레스타인만 해도 두 부분으로 쪼개져 있는 거예요. 애석한 일이죠.

이 사건들은 또 무기 사용을 전략적으로 선택할 것이냐는 문제를 쟁점으로 만듭니다. 하마스가 영웅적으로 저항했다는 데는 의심의 여지가 없지만 레바논 상황을 팔레스타인 상황과 무턱대고 비교할 수는 없어요. 이스라엘이 레바논을 점령한 수년간 헤즈볼라는 점령에 반대하는 소모전을 벌였고, 점령 세력에 맞서 레바논 지역에 주력했습니다. 심지어 헤즈볼라는 1996년 4월에 미국의 중개로 점령군과도 접촉했습니다. 그러고선 다음과 같은 협정을 맺었죠. “레바논의 무장 집단들은 카튜샤 로켓을 포함해 어떤 무기로도 이스라엘을 공격하지 않는다. 이스라엘과 협력 집단들은 레바논에서 어떤 무기로도 민간인을 표적으로 발포하지 않는다. 나아가 쌍방은 어떤 상황에서도 민간인을 공격의 표적으로 삼지 않으며 민간인 거주 지역과 산업 및 전기 시설을 공격 개시 지점으로 이용하지 않는다.” 레바논의 지형과 이스라엘군이 레바논의 인구 밀집 지역에 주둔해 있던 덕분에 대중 저항 전략이 가능했고 이 전략은 결국 승리로 이어졌습니다. 2000년에 이스라엘이 레바논 남부에서 철수했으니까요. 이스라엘이 패주한 셈이죠.

반면 가자의 경우에는 이스라엘 병력이 지구 내부에

서 철수해 주변을 둘러싸고 있습니다. 이스라엘 남부의 민간인 거주 지역에 로켓을 발사해 군사적으로 대립하는 것은 합리적인 전략이 아니에요. 점령된 팔레스타인 영토 관점에서 요점은 다음과 같습니다. 1967년 이래 이스라엘 국가에 맞선 팔레스타인의 투쟁을 돌이켜 본다면 가장 큰 효력을 발휘했던 것은 1988년의 소위 투석 혁명Revolution of the Stones,[6] 즉 1차 인티파다였다는 것이죠. 이때는 화기, 자살 폭탄, 로켓 등은 전혀 쓰이지 않고 대중 동원만이 활용되었습니다. 이스라엘로서는 가장 두려운 방법이었죠. 이스라엘인들을 끔찍한 정치적 곤경에 빠뜨렸으니까요.

이로부터 끌어낼 수 있는 교훈이 있습니다. 이것들은 전략 이해 방식상의 문제예요. 이 지역의 모든 세력이 충분히 고려하지는 않는 문제죠. 오늘날 팔레스타인 투쟁에는 종교에 고무된 최대주의가 넘쳐 납니다. 과거에 민족주의에 고무된 최대주의가 그랬던 것처럼요. 하지만 이런 최대주의는 전략을 설계할 때 상황을 현실적으로 평가하는 일이 드물어요. 제가 말하는 평가는 당연히

6 〔옮긴이〕 1987년 12월에 시작된 1차 인티파다는 이스라엘 점령군의 탱크에 돌을 던지는 팔레스타인 어린이의 이미지로 상징되었다. 중무장한 군인에 맞서 팔레스타인 주민들은 돌을 던져 맞섰고, 이런 별명을 얻은 것도 이 때문이다.

‘현실주의’라는 미명하에 백기를 드는 전략과는 다르고요. 팔레스타인 해방 기구Palestine Liberation Organization, PLO(제가 말하는 건 팔레스타인 자치 정부, 야세르 아라파트, 그리고 현재의 마흐무드 압바스입니다)가 그렇게 항복했죠. 제가 말하는 것은 저항과 해방의 전략, 현 상황에서 실행 가능한 전략적 목표를 이스라엘에 강제하는 대중 저항의 전략입니다. 객관적 조건들을 감안할 때 여전히 가능한 것은 이스라엘이 1967년에 점령한 영토에서 철수하게 만드는 것입니다. 이 영토들이 자신만의 정부를 민주적으로 조직하고 최소한 정치적 주권을 누릴 수 있도록요. 하마스가 선거에서 승리했을 때 이스라엘과 서구의 뒷배들이 보인 반응과 다르게 말이죠.

이 즉각적인 목표를 넘어, 유일하게 합리적인 장기 전략은 이스라엘 사회 자체의 파열을 포함해야 합니다. 이는 순수하게 이스라엘 사회 외부에서 설계할 수 있는 것이 아니에요. PLO와 하마스 모두 그리 생각했지만요. 외부에서 군사적으로 이스라엘을 패배시킬 가능성은—통상적인 의미에서는—전혀 없습니다. 이스라엘이 인접 아랍 국가들보다 훨씬 강력한 무기를 보유하고 있기 때문이죠. 이 환경에 속한 어떤 나라도—이집트와 요르단뿐 아니라 시리아도—이스라엘과의 대립을 불사하지 않는다는 사실은 말할 것도 없고요. 역사적 팔레스타인 땅

전체를 해방시킬 수 있는 '대중 전쟁'이라는 건 가능하지 않아요. 1967년 〔3차 중동 전쟁〕 이전 영토에서 이스라엘인이 압도적 다수를 차지하고 있으니까요. 이는 베트남이나 아프가니스탄, 이라크에서 미국이 그랬던 것이나 레바논에서 이스라엘이 그랬던 것 같은 〔일시적〕 점령군과 달라요. 나아가 이스라엘이 1960년대 말 이래 핵보유국임을 모두가 알고 있습니다.[7] 그러니 외부에서 이스라엘 국가를 파괴한다는 생각에서 출발하는 전략은 어떤 의미로든 비합리적이에요.

이렇듯 시온주의 국가를 상대로 유효한 승리를 거두려면 국제주의가 꼭 필요합니다. 이 방안 말고 시온주의 국가를 패배시킬 합리적인 전략은 존재하지 않아요. 이스라엘 사회 자체 내부에 주된 파열을 일으킬 필요성을 고려해야 합니다. 이스라엘 사회의 주요 분파가 이스라엘 정부의 호전적인 정책에 적극 반대하고, 정의, 자결, 모든 차별의 종식에 기초한 지속적인 평화적 해결책을 위해 싸워야 하는 것이죠. 이것이 주된, 엄청난 중요성을

7 〔옮긴이〕 1975년 아파르트헤이트 남아프리카 공화국의 백인 정권은 이스라엘에 핵탄두 구입을 타진했고, 양측은 이 협상을 기밀에 부쳤다. 2010년 미국인 연구자가 정보 공개를 청구해 협상문의 기밀이 해제되며 이스라엘이 핵 보유국이라는 오랜 의혹이 사실로 드러났다. 핵 보유에 대해 이스라엘은 부정도 인정도 않는다는 입장이다.

갖는 요건입니다. 1988년의 인티파다가 그토록 중요했던 것도 이 때문이고요. 실제로 이스라엘 사회를 깊은 위기로 몰아넣었으니까요.

반대로 지금 우리가 목격하는 것은 이스라엘 역사상 가장 흉포하고 가혹하며 잔인한 공격에 이스라엘인들이 매우 높은 수준으로 똘똘 뭉쳐 만장일치를 보내는 모습입니다. 이건 나쁜 징조예요. 이런 상황에서 2006년과 같은 실패를 맛본다면 어떤 결과를 낳을까요? 이스라엘 인구 대부분이 한층 우경화될 겁니다. 시온주의뿐 아니라 정부 정책과 단절하고 1차 대전 때 독일 인구 다수나 베트남 전쟁 때 미국 인구가 그랬던 것과 같이 반전 입장으로 돌아서는 대신요. 이 지역의 전체 그림이 매우 우울한 것도 이 때문입니다. 앞서 말했듯 이번 공격이 실패로 끝난다면(이것 자체는 우리가 바라는 바입니다) 현재 정권을 잡고 있는 이들보다 더 최악인 네타냐후가 권력을 장악하리라는 걸 우리는 알고 있어요. 이 모든 것이 어떻게 끝날지 아직은 예측하기가 굉장히 어렵습니다.

대니얼 핀 지금은 팔레스타인인에게 아주 위험한 시기인 것 같습니다. 1967년만큼 위험하지 않나 싶을 정도예요. 이스라엘의 기성 매체들에서는 가자 지구를 이집트 당국에, 서안 지구의 민간인 거주 지역은 요르단에 이양한다는 얘기가 오가고 있는데요. 이 계획이나 유사한 계획이 실행에 옮겨진다면 앞으로 수년간 팔레스타인의 민족적 열망에 치명적인 결과를 초래할 것이 분명합니다. 팔레스타인 사회 내부의 세력들은 민족 운동의 전망을 개선하기 위해 어떤 발걸음을 떼어야 할까요?

질베르 아슈카르 제 생각은 조금 다릅니다. 우선 요르단 군주정은 서안 지구를 다시 통제해야 하는 상황이 오면 상당한 불안감을 느끼게 될 겁니다. 과거에 이 가능성이 현실적인 전망으로 대두했을 때 요르단은 팔레스타인 무장 세력이 부상 중인 현실을 염두에 두었죠. 그래서 선왕인 후세인 왕이 기본적으로 연방제를 계획했던 것이고요. 서안 지구, 아니면 서안 지구와 가자에 일정 정도 자치를 허용하는 계획이었죠. 그런데 지금 문제는 요르단 군주정이 마흐무드 압바스에 대한 선호에 기대 팔레스타인 인구를 길들일 수가 없다는 것입니다. 이들은 팔레스타인 인구가 매우 급진화되어 있고, 서안 지구 팔레스타인인과 요르단 팔레스타인인—팔레스타인인은 요르단에서 이미 인구의 다수를 차지하고 있습니다—의 새로운 연합, 새로운 융합이 요르단 군주정에 매우 위험할 것임을 알고 있어요. 이게 문제죠.

서안 지구와 요르단이 새로이 합쳐지는 방안은 분명 팔레스타인인의 이해 관계에 도움이 될 겁니다. 서안 지구와 가자가 이른바 독립 국가를 수립한다는 발상은 실현 가능성이 없기 때문이죠. 이 지점에서 저는 두 국가 해법을 비판하는 이들에게 전적으로 동의합니다. 서안 지구에서 이른바 독립 국가는 실현 가능성이 없어요. 독립 국가가 세워지더라도 망치와 모루처럼 공조 관계인 이스라엘과 요르단 사이에서 인질 노릇만 하게 될 겁니다. 그러므로 팔레스타인 인민에게 필요한 것은 요르단이 제공하는 숨 돌릴 공간이에요. 요르단강 양안을 연결하는 인간적이고 가족적인 연속성도 당연히 필요하고요. 요르단강 양안 사이에는 인간 공동체의 역사적 통일성이 자연스럽게 형성되어 있습니다. 이 공동체가 자결권을 행사할 수 있으려면 다른 종류의 정부가 요르단에 들어서야 합니다. 지금처럼 부족주의로 인종적 분열을 조장하는 체제에 인구 다수가 억압받지 않는 진정으로 민주적인 정부가요.[8]

그래서 저는 양안을 새롭게 합치는 전망을 요르단 정부가 열렬히 바란다고, 심지어는 적극적으로 고려한다고도 생각하지 않습니다. 1988년에 후세인 왕은 공식적

8 〔옮긴이〕 요르단강을 기준으로 서안은 팔레스타인, 동안은 요르단이다. 1967년 이스라엘의 군사 점령 이후 서안의 팔레스타인 주민이 동안으로 대거 이주해 요르단 인구의 다수를 점하게 됐다. 동안 출신 시민은 스스로를 '순수 요르단인'이라 부른다. 요르단 사회는 이들을 중심으로 구조화돼 있어 서안 출신 주민보다 노동 시장에서 고용도 유리하며 정치적, 사회적 지위도 높다.

으로 자신의 왕국과 서안 지구를 단절시켰어요. 왜 그랬을까요? 아주 단순합니다. 1988년은 인티파다가 한층 무르익은 시점이었으니까요. 후세인 왕은 아버지가 1948년에 시온주의자들과 절연한 이래 군주정이 통치한 유형의 서안 지구—자신의 군주정이 1967년까지는 큰 곤란 없이 얼마간 통치할 수 있었고 그 뒤에는 이스라엘의 점령지가 된 서안 지구—가 인티파다로 인해 관리 불가능해졌음을 이해했던 것이죠. 서안 지구는 뜨거운 감자였어요. 다루기가 너무 위험해졌고, 그래서 그는 공식적으로 연결을 끊었습니다. 서안 지구에 대한 어떤 요구도 포기했고요.

대니얼 핀 팔레스타인 정치 무대가 예측 가능한 미래에도 하마스와 파타의 소유로 남아 있을 것이라고 생각하십니까? 아니면 지금은 주변적인 어떤 집단이 세력을 훨씬 확대할 기회가 있을까요?

질베르 아슈카르 음, 가까운 미래에 그런 전망이 있을지는 모르겠어요. 파타와 하마스라는 두 주요 행위자에 진정한 도전을 제기할 세력이 당분간은 나타날 수 없을 거라 생각합니다. 여타 세력, 특히 팔레스타인 좌파는 수년간 신뢰를 잃어 왔어요. 수많은 기회를 놓쳤거든요. 그러니 새로운 세력이 등장하지 않는 한 마법과도 같은 급작스러운 전개를 기대할 수는 없겠죠. 전혀 알려지지 않은 세력이 성숙하려면 시간이 걸릴 테고요. 현재 상황에서는 팔레스타인 사회를 양분하는 두 세력 내부에서 더 많은 진화가 이뤄질 겁니다. 파타와 하마스 내부에서 상이한 분파들이 투쟁을 벌이겠죠. 이 두 세력 모두 단일하지 않아요. 둘 다 큰 집단이고 수많은 지지자와 당원을 보유하고 있으니까요. 지금으로선 외부에서 새로운 세력이 예기치 않게 부상하기보다는 내부에서 변화가 일어나는 것이 더 개연성이 있어 보입니다.

그렇긴 해도 저는 제3의 세력이, 좌파 전통에 기초한 진보 운동이 부상하길 아주 강하게 희망합니다. 이 전통은 팔레스타인인 사이에서 무시할 수 없는 수준으로 존재하고 있어요. 심지어 가자에서도요. 파타와 하마스에 대적할 만큼 강하지는 않지만요. 저는 팔레스타인 좌파 세력이 실실적인 주 참가자로 무대에 오를 수 있기를 진정으로 바라고 있습니다. 하지만 솔직히 말하면 이건 당분간은, 희망이나 소망을 차치하면, 현실적인 전망이 아니에요. 이를 위한 어떤 기반도 찾아볼 수 없으니까요.

옮긴이 해제

덩야핑
(팔레스타인 평화 연대)

누가 야만인가

다르다. 이스라엘은 2008년 이래 주기적으로 가자 지구를 대규모로 침공했지만 이번에는 달랐다. 침공 첫 주 엿새 동안 이스라엘은 4,000톤의 폭탄을 6,000발 쏟아부어[1] 주민 1,417명을 학살했다. 네 달여가 지난 지금도 이 속도는 줄지 않았고, 최근 국제 사법 재판소는 이것이 집단 학살에 해당할 가능성이 높다며 이스라엘에 방지 명령을 내렸다. 그렇다. 지금 우리는 한 인구 집단을 절멸하겠다는 의지의 실현을 목도하고 있다. 집단 학살 외에 다른 규정은 불가능하다.

이스라엘과 팔레스타인 문제가 어렵고 복잡하다고들 말하지만 나는 이보다 더 명확하고 단순한 사례를 모른

1 2001년 아프가니스탄 침공 후 20년간 미국이 아프간 전역에 쏟아부은 연 평균 폭탄 수 4,255발을 상회한다. https://www.salon.com/2022/01/11/the-us-drops-an-average-of-46-bombs-a-day-why-should-the-world-see-us-as-a-force-for-peace/.

다. 1967년 3차 중동 전쟁부터 세어도 이스라엘의 팔레스타인 군사 점령은 57년간 지속 중이다. 이것은 서양 강대국조차 인정하는 객관적 사실이다. 점령자와 피점령자, 식민 지배자와 피지배자의 문제다. 점령자가 점령을 그만둬야 한다. 이보다 선명할 수 있는가?

그러나 미국 등 이스라엘을 전폭적으로 지지하는 제국주의 국가들이 주도하는 국제 질서에서 팔레스타인과 이스라엘은 억압자와 피억압자가 아닌 '평화 과정'에 임할 동등한 책임이 있는 두 당사자로 호명된다. 유엔을 비롯한 국제 사회에서 지금의 팔레스타인을 부르는 공식 명칭이 '피점령지 팔레스타인'occupied Palestinian territory, oPt인데도 그렇다. 그래서 팔레스타인에 동조하는 사람들조차 이 프레임에 갇히곤 한다. 힘세고 악한 이스라엘이 팔레스타인을 괴롭히는 것은 사실이지만 팔레스타인도 '테러'로 반격하고 있다고, 이런 '폭력의 악순환'이 '분쟁' 해결을 요원하게 만드는 원인이라고 말이다.

하지만 팔레스타인의 대응 때문에 폭력의 악순환이 지속되는 것이 아니다. 이런 내러티브는 선후 관계가 분명한 원인과 결과를 전도시키고, 정의와 해방을 위한 투쟁이라는 팔레스타인의 대의를 탈각시킨다. 이스라엘의 팔레스타인 군사 점령과 식민 지배라는 근본 원인이 사라지면 팔레스타인의 대응도, 군사 저항도 필연적으로 사라질 것이다.

팔레스타인은 국가가 아니다. 물론 1988년 팔레스타인 해방 기구PLO는 독립을 선언했고 이후 138개국이 팔레스타인을 국가로 인정했다. 그러나 이는 팔레스타인의 대의를 인정받기 위한 실용주의적인 정치 외교적 노력일 따름이다. 팔레스타인은 주권을 가진 적이 없고 영토는 온통 조각나 전역이 이스라엘 군사 정부의 직간접적 통치 아래 있다. 1993년 오슬로 잠정 협정에 따라 들어선 팔레스타인 자치 정부PA에는 처음부터 장래 팔레스타인 독립 국가가 이스라엘의 안보에 위협이 되지 않을 것임을 증명하라는 임무가 주어졌다. 제한된 행정력으로 자격을 입증하면 미래에 주권을 부여받을 가능성을 약속받았을 뿐 주권 국가의 정부가 아닌 것이다.

이스라엘과 서양 정부들은 이스라엘의 가자 주민 집단 학살이 '자위권' 행사의 부수적 피해라고 주장한다. 그러나 유엔 헌장 51조의 자위권은 주권 국가를 상대로만 성립할 뿐 점령국은 자국이 점령한 지역과 주민을 상대로 자위권을 행사할 수 없다. 이는 이미 2004년 국제사법 재판소가 이스라엘의 점령 정책에 대해 판시한 내용이다. 오히려 4차 제네바 협정에 따라 점령국은 점령지 주민을 보호해야 하는 강한 의무를 진다.

또한 강대국들이 구축해 놓은 질서하에서조차 자위

권은 팔레스타인에만 인정된다. 해방을 추구하는 피식민 민중은 가능한 모든 수단을 동원해 자결권을 실현할 수 있다. '모든 수단'에 무장 투쟁이 포함되는 것은 물론이다. 유엔 헌장과 무수한 결의안이 이를 보장한 데 더해 역사적으로도 식민 지배에 맞서 무장하지 않은 해방 운동은 없었다. 서양에서 찬양해 마지않는 평화의 상징 넬슨 만델라는 아파르트헤이트 체제 철폐 후 이렇게 썼다. "투쟁의 방식을 좌우하는 것은 피압제자가 아니라 압제자다. 압제자가 폭력을 쓴다면 피압제자는 폭력으로 응수하는 것 말고는 다른 대안이 없다." 지금껏 이스라엘은 어마어마한 폭력을 휘둘러 왔다. 하지만 이스라엘과 서양은 2023년 10월 7일 하마스가 이스라엘을 급습한 것이 문제의 시초라며 하마스를 압제자로 위치시킨다.

하마스의 악마화와 가자 주민의 비인간화

가해자와 피해자를 전도시키는 내러티브는 이스라엘이 오래 취해 온 선전 전략이지만 지금 이 내러티브는 특히 이슬람주의 악마화를 통해 가자 주민 집단 학살을 정당화하는 직접적 근거로 사용되고 있다. 10월 7일 알-아크사 홍수 작전을 주도한 것은 하마스지만, 하마스와 이슬람 지하드 같은 이슬람주의 저항 세력만이 아니라 팔레스타인 해방 인민 전선PFLP 등 좌파 저항 세력, 공식적으로는 무장을 해제한 파타Fatah와 연계된 무장 조직들도 참여했다. 이번 작전은 이들이 합동 작전 본부를 꾸려 최소 2년 전부터 기획한 것이다.

그러나 이스라엘과 서양 동맹국들은 오직 하마스만을 거론하며 이들을 이슬람 국가ISIS와 등치시킨다. 하마스가 극단주의적 이슬람주의 세력이고, 광신도 학살자며, 하마스를 지지하는 가자 주민도 무고한 피해자만은 아니라는 것이다. 그러나 하마스는 ISIS와 이데올로기도 출발 지점도 다르다. 하마스는 이슬람주의에 기반한 팔레스타인 민족 해방 운동이자 대중 정당이다. ISIS와 달리 중동 전역에 이슬람 국가를 세워야 한다고 믿지도 않는다. 그래서 ISIS는 하마스를 이단으로 규정했고, 양자는 서로 죽이는 적대 관계에 있다. 하마스는 대중 정당으로서 다른 정당들과 경쟁하며 팔레스타인 민중의 신임을 받으려 한다. 때문에 무차별적 공포로 권력을 유지하는 ISIS와는 전략도 다를 수밖에 없다.[2]

그러나 집단 학살이 시작된 후 팔레스타인인에게 쏟

2 이슬람교라는 공통 분모가 있어서 양자가 같다고 주장한다면, 힌두교, 불교, 기독교, 유대교를 막론하고 어느 종교에나 극단주의 세력이 있기 때문에 같은 논리가 적용돼야 한다. 9/11 이후 미국은 이슬람을 '야만'으로 규정하며 '테러와의 전쟁'을 벌여 왔다. '문명과 비문명의 대결'이라는 미국의 프레임은 주창된 지 20년이 넘은 지금 다시 이스라엘을 위한 수사법으로 힘을 발휘하고 있다.

아진 질문은 '하마스를 규탄하느냐'였다. 하마스와 경쟁 관계에 있는 파타 소속으로 불과 하루 전에 가족을 잃은 주영 팔레스타인 대사조차 이 질문을 피해 갈 수 없었다. 집단 학살을 당하는 중인 팔레스타인 주민은 야만적인 이슬람주의 집단인 하마스와 선을 긋고 스스로 "인간 동물"이 아님을 입증할 것을 요구받았다. 그렇게 하지 않는다면 학살을 당해도 어쩔 수 없다는 듯이 말이다.

팔레스타인에서 광범위한 지지를 얻는 것은 이슬람주의 자체가 아니다. 해방이다. 정의의 회복이다. 해방으로 이끄는 세력이 세속주의자인지 이슬람주의자인지는 중요하지 않게 된 지 오래다. 일시 휴전 기간 중 행해진 팔레스타인 여론 조사[3]도 이를 보여 준다. 무장 투쟁에 대한 지지와 하마스에 대한 지지도가 상승한 한편, 차기 대통령으로 가장 많은 지지를 받은 인물은 세속주의 정당 파타의 마르완 바르구티였다. 팔레스타인은 세속주의 전통이 강하며, 질베르 아슈카르가 말하듯 좌파 역시 주요한 세력이다. 이스라엘 건국 전, 영국에 식민 지배를 받던 당시부터 팔레스타인 민중은 100년 넘게 모든 수단을 동원해 싸워 왔다. 그런데도 해방이 오기는커녕 금세기 어떤 전쟁도 비견될 수 없는 속도로 집단 학살을 당하

3 http://pcpsr.org/en/node/961.

고 있다. 팔레스타인 민중이 정치 성향과 무관하게 해방을 앞당길 수 있는 비전을 가진 세력을 지지하는 것은 너무나 자연스러운 일이다.

10월 7일, 저항 세력이 목표한 것

저항 세력들은 오랫동안 서로 반목했지만 이스라엘의 주기적인 가자 침공은 이들을 공동 전선으로 집결시켰다. 이번 공동 군사 작전의 목표는 알-아크사 사원에 대한 침탈 중단, 이스라엘 감옥에 갇힌 팔레스타인 정치 수감자 수천 명의 석방, 불법 영토 병합 중단, 가자 봉쇄 해제, 불법 유대인 정착촌 확장 중단, 난민의 귀환권 보장 등 해방 운동의 주요 의제를 포괄한다.

첫날 작전은 스펙터클했다. 2007년 이래 17년간 육해공이 봉쇄된 가자 지구의 해방을 상징하듯 땅에선 불도저로 이스라엘이 설치한 스마트 펜스를 부수고, 바다에선 배로, 공중에선 패러글라이딩으로 봉쇄를 뚫고 금지된 고향 땅으로 귀환하는 모습을 실시간으로 촬영해 공유한 것이다. 조악한 해군력으로 바다에 나간 전원이 곧바로 이스라엘 점령군에 살해당한 걸 보면 이들이 무리하면서까지 공들여 해방의 이미지를 연출했음을 알 수 있다. 팔레스타인 민중과 연대자들은 즉각 환호성을 보냈다. 가자 주민의 80퍼센트가 난민이고 이 중 대다수가 지금은 이스라엘이 된 가자 인근 마을들 출신임을 생각하면 그 기쁨을 이해하기 어렵지 않다. 하지만 들뜬 순간은 잠시뿐이었다. 곧바로 전례 없는 규모의 집단 학살이 개시됐고, 저항 세력이 이스라엘 민간인을 대량으로 살해했다는 뉴스도 범람하기 시작했다. 이스라엘은 가자 주민을 인간 이하의 존재로 격하하기 위해 이들이 이스라엘 민간인 살해에 환호했다고 진실을 오도하지만, 가자 주민은 저항 세력이 비무장 민간인을 학살했다는 이스라엘의 선전을 믿지 않는다. 이스라엘이 그 오랜 세월 수많은 선전과 선동으로 진실을 왜곡해 온 역사가 있는데 어찌 이스라엘의 말을 곧이곧대로 받아들이겠는가.

하마스를 포함한 팔레스타인 저항 세력은 이스라엘 민간인을 상대로 군사 작전을 계획한 것이 아니라고 주장해 왔다. 이들은 가자 인근의 군사 기지를 표적으로 삼았고, 최대한 많은 인질을 확보해 이스라엘 감옥에 갇힌 정치 수감자와 교환하려 했다. 저항 세력은 이스라엘 점령군과의 교전 과정에서 민간인이 희생되었다는 사실은 인정하지만 민간인 학살은 의도한 적도, 실행한 적도 없음을 거듭 강조했다. 이 점은 이스라엘에 대한 도덕적 우위를 주장해 온 저항 세력의 행보와도 일치한다.[4] 이후 이스라엘군에 민간인이 살해됐다는 생존자의 증언, 저항 세력을 분쇄하기 위해 인질의 인명 피해를 감수하라는 이스라엘군의 지침[5]을 실행한 군인들의 진술, 저항 세력이 음악 축제를 사전에 몰랐을 것이라는 경찰 내부 문건 등이 이스라엘 언론에 보도되며 저항 세력의 주장이 일부 입증되기도 했다. 초기에 이스라엘은 10월 7일 살해된 민간인 수를 별도로 밝히지 않은 채 총 사망자가 1,405명이라고만 발표했고, 이후 200구는 하마스 대원의 불탄 시신이라며 최종 사망자 수를 1,139명으로 정정했다. 이 중에서 민간인은 695명인데 몇 명이 이스라엘군에 살해됐는지, 몇 명이 무장한 민병대원인지는 여전히 알 수 없다. 이스라엘이 관련 증거를 상당수 폐기했기 때문에 미래에도 알아내기는 난망할 공산이 크다.

하지만 저항 세력이 납치한 250여 명의 인질 상당수

4 다만 저항 세력은 이스라엘 군경과 연계되고 조직적으로 무장한 정착민은 다른 민간인과 달리 보호 대상이 아니라고 밝혔다. 하마스 공식 텔레그램 영문 채널(https://t.me/+kUoQCMfm8bI1NWE0), 특히 2024년 1월 21일에 올린 Our Narrative-Operation Al-Aqsa Flood-Web.pdf 참조. 가자 지구에서 도보로 이동 가능한 거리의 이스라엘 마을들은 실제로 다른 지역보다 보안에 민감해 자체 민병대를 유지하고 있다. 참고로 유엔은 이스라엘의 팔레스타인 군사 점령으로 인한 양측의 사망자를 집계할 때 서안 지구의 불법 유대인 정착민은 민간인 사망자 중에서도 별도로 취급한다. 민병대의 존재는 정착민의 기본 속성이다. 현대 이스라엘 영토 내의 정착민은 서안 지구와 달리 국제법의 적용 대상은 아니지만 양자 모두 정착민 식민주의의 실행이라는 공통점이 있다.

5 https://www.ynet.co.il/news/article/yokra13754368.

가 민간인이기 때문에 이번 작전은 '테러'로만 프레이밍 되고 있다. 그래서 특히 하마스는 이스라엘과 달리 자신들이 민간인 인질을 얼마나 인도적으로 대하는지를 집착에 가까운 수준으로 선전했다. 일주일간의 일시 휴전 기간 동안 석방된 이스라엘 인질들은 떠나는 길에 하마스 대원들에게 아랍어로 "고마워", "안녕"이라고 말하며 악수를 청하기도, 하이파이브를 하기도 했다.[6] 기대와 다른 모습에 이스라엘 보건부는 별도의 조사 없이 하마스가 석방된 인질들이 행복해 보이도록 진정제를 투여했다고 주장했다.[7] 또한 석방된 인질들은 이스라엘의 폭격 중에 하마스 대원들이 몸을 위로 덮어 보호해 주기도 했다고 증언했다. 아마도 국제적인 비난의 포화 속에서 하마스는 풀려난 이들이 긍정적인 선전 역할을 해 주길 기대했을 것이다. 반면 같은 기간 이스라엘 감옥에서 석방된 팔레스타인 수감자들은 특히 10월 7일 이후 일상적으로 고문을 당했으며 물과 음식이 끊기고 독방에 갇힌 채 변호사 접견도 차단당했다는 범죄적이고 반인도적인 처우를 증언했다.

수감자와의 교환-석방은 해방 운동의 오랜 전략이며

6 https://twitter.com/QudsNen/status/1730012001005342824.

7 https://www.timesofisrael.com/health-ministry-says-hamas-drugged-released-hostages-to-make-them-appear-happy/.

이스라엘 점령 당국이 유일하게 응하는 협상 영역이기도 하다. 2023년 10월까지 이스라엘 감옥에는 재판도 기소도 없이 납치 감금된 1,264명을 포함해 5,200여 명의 팔레스타인 정치 수감자가 갇혀 있었다(이 숫자는 이후 이스라엘의 무차별 체포로 10,000명을 넘어섰다). 저항 세력은 처음부터 수감자 교환과 휴전을 요구했지만 이스라엘은 협상은 없다며 군사 작전으로 인질을 구출하는 동시에 하마스를 소탕하겠다는 모순적인 목표만 반복 선언했다. 이스라엘의 폭격으로 살해된 이스라엘인 인질은 60명이 넘는다. 무리한 구출 작전으로 살해된 인질도 있다.[8] 특히 백기를 든 이스라엘 인질 세 명을 팔레스타인 민간인으로 오인하고 저격해 살해한 사건은 이스라엘 사회에 공분을 일으켰다.

인질 가족과 풀려난 인질 들이 휴전만이 인질의 안전을 보장할 수 있다고 요구해도 이스라엘 정부는 완강히 휴전을 거부한다. 일관되긴 하다. 2011년 마지막 수감자 교환 때 이스라엘 병사 한 명과 팔레스타인 수감자 1,027명이 교환 석방되었는데 이조차도 5년이나 미룬 끝에 국내 여론의 압력을 못 이기고 내린 결정이었다. 그래서 이스라엘군은 그리 될 바에야 인질을 함께 살해하라는 '한

8 https://www.bbc.com/news/world-middle-east-67664854.

니발 지침'을 정해 두었고, 앞서 언급했듯 이 지침은 이번에도 발동되었다.

두 번째 나크바

자국민도 보호하지 않는 이스라엘에 피점령지 주민은 "인간 동물", "아말렉"[9]처럼 인간 이하의 존재다. 이스라엘은 피난처인 유엔 학교와 병원, 종교 시설을 폭격하고 구호품 반입을 차단하고 있다. 기자, 의료진, 유엔 직원, 피난민을 표적 살해하고 있다. 뿐만 아니라 인류 역사상 최초로 인공 지능을 활용해 집단 학살을 자행하고 있다. 민간인에 대한 이런 무차별적 공격은 전례가 없다.

이스라엘은 모든 전쟁법을 노골적으로 어겼다. 자신들이 지목한 경로로 피난길을 떠난 행렬을 폭격했다. 노인과 장애인, 환자, 그 가족 등 강제 대피령에 따를 수 없는 민간인 수천 명을 체포해 옷을 벗기고 눈을 가린 채 등 뒤로 수갑을 채워 군용 트럭에 싣고 이스라엘 감옥으로 끌고 가 고문했다. 이 중 몇 명은 시신으로 돌아왔다. 즉

9 『구약 성서』에서 유아와 젖먹이까지 죽이라고 명한 유일한 민족. 네타냐후 총리는 이스라엘 군인들에게 "『성서』에서 아말렉이 여러분에게 행한 일을 기억하라"고 주문했고, 이스라엘 군인들은 아말렉의 씨를 쓸어 버리러 왔으며 가자 지구에 무고한 시민은 없다면서 춤추고 노래하는 영상을 퍼뜨렸다. 이 영상은 국제 사법 재판소에 증거로 제출됐다.

결 처형에 대한 참혹한 증언들도 나왔다. 당장 강제 대피령에 따르지 않으면 죽이겠다는 겁박에 인큐베이터가 필요한 조산아를 병원에 남기고 떠나야 했던 부모들은 돌아와 부패한 아기들의 시신을 수습했다.

병원을 폭격하고 봉쇄해 환자나 의료진, 피난민 누구에게나 발포하는 것은 일상이 됐다. 이제는 병원 아래 하마스 기지가 있다는 날조조차 없다. 부상자를 수습하겠다는 구급차에 진입 허가를 내린 뒤 구급차를 폭격한다. 산모는 마취제 없이 병원 바닥에서 제왕 절개 수술을 받고 신생아는 추위와 영양 부족, 감염으로 생후 며칠 만에 죽는다. 매일 아동 열 명이 마찬가지로 마취제 없이 팔다리 절단 수술을 받는다. 가자 주민 집단 학살이 한 달도 채 되지 않은 시점에 이미 유니세프는 "가자 지구는 아동 수천 명에게는 무덤이, 남은 모든 이에게는 산지옥이 되었다"고 선언했다.

전 세계에 치명적으로 굶주리고 있는 사람이 다섯 명이라면 그중 네 명이 가자 주민이다. 유엔의 모든 기관이 가자 지구의 인도적 위기 상황이 재난적이라고 보고하고, 서양 정부는 인도적 위기를 방지하라고 이스라엘에 압력을 가한다. 하지만 이것은 인도적 위기가 아니다. 한 인구 집단을 체계적으로 파괴하려는 의도적이고 계산된 행동이다.

이제 우주에서 바라본 가자 지구는 온통 잿빛이다. 그러나 1월에 행해진 여론 조사에서 이스라엘 유대인 94.2퍼센트는 점령군의 무력 사용이 "적절"하거나 "너무 적다"고 답했다. 이스라엘 정치가들은 가자 지구를 핵으로 밀어 버려야 한다고 공공연히 말한다. 그러면서 인종 청소 후 다시 불법 정착촌을 건설하는 청사진을 준비하고 있으며, 부동산 업계는 벌써부터 가자 해변의 주택에 살아 보라는 광고를 뿌리고 있다. 극우화된 이스라엘 사회는 빠른 속도로 대이스라엘—역사적 팔레스타인 땅 위에 유대 국가만 존재한다는—계획을 실행 중이다.

이스라엘이 원하는 것

질베르 아슈카르는 반제국주의적 시각으로 중동 지역 정치를 연구해 온 학자다. 2023년 10월 7일 직후부터 그는 여러 매체와 자신의 웹사이트를 통해 현실을 분석하고 앞으로의 전개를 예측하는 짧은 글들을 발표했고, 이 책은 그가 2023년 12월까지 쓴 글을 엮은 것이다.

이 책을 번역하기로 결심한 것은 현장의 소식을 단편적으로 공유하는 것을 넘어[10] 가자 학살의 본질을 기민

10 팔레스타인 평화 연대의 X(트위터) 계정 @pps_kr과 인스타그램 계정 @pps_kor을 통해 소식을 전하고 있다.

하게 포착하고 팔레스타인 역사와 이를 둘러싼 중동 정세를 폭넓게 서술한 글을 국내에 소개하고 싶었기 때문이다. 오랜 연구에 기반해 그는 이번 집단 학살이 어째서 이전의 공격들과 질적으로 다른지, 지금 상황이 왜 이루 말할 수 없이 두려운지를 설득력 있게 분석한다. 나아가 거의 실시간으로 향후의 전개를 예견하고 진정한 해방을 위해 필요한 운동 방향을 제시하는데, 그가 각 글에서 예견한 것들은 실제 전개와 거의 일치했다.

특히 그가 책 서두부터 지적한 시나이로의 2차 추방, 즉 2차 나크바Nakba의 전조들은 끔찍한 현실이 되고 있다. 이집트는 이스라엘이 라파 대학살(2024년 2월 12일)을 예고하기 2주 전부터 가자 난민이 이집트로 쏟아져 들어오는 것을 방지하겠다며 국경 지역에 탱크 마흔 대를 배치했다. 그러나 이집트 인권 단체에 따르면[11] 이집트 당국은 2월 12일부터 가자 난민을 수용하기 위해 7미터 높이의 장벽으로 둘러싸인 보안 완충 지대를 비밀리에 건설하기 시작했다고 한다. 경제적 지원을 대가로 이스라엘의 인종 청소 계획에 결국 가담한 것이다.

아슈카르는 이슬람 근본주의 운동인 하마스에 비판적이지만 팔레스타인의 해방 운동을 훼손하기 위해서

11 https://twitter.com/Sinaifhr/status/1757879298940149921.

는 아니다. 오히려 프란츠 파농을 인용해 저항 세력으로서 하마스가 전 세계 반식민 해방 운동과 궤를 함께한다고 역설하며, 이란 배후설을 제기하며 팔레스타인의 행위 주체성을 부정하는 음모론의 부당함을 설파하기도 한다. 그러면서 팔레스타인 민중에게 "이란 같은 전제 정부가 아니라 그런 억압적인 체제에 맞서 싸우는 인민의 지지에 의지"할 것과 1차 인티파다 때와 같은 비폭력 대중 투쟁으로 다시 이스라엘 사회를 위기로 몰아넣을 것을 촉구한다. 이런 제언은 남아프리카 공화국의 아파르트헤이트를 철폐하게 이끌었던 보이콧 운동에서 영감을 받아 2005년부터 팔레스타인 시민 사회가 전 세계 시민 사회에 호소한 BDS 운동(보이콧, 투자 철수, 제재Boycott, Divestment, and Sanctions)과도 조응한다.[12]

마지막 장으로 실린 2009년 인터뷰 역시 지금 상황을 이해하는 데 여전히 유효하다. 이후 다섯 차례 더 자행된 대규모 침공 중 첫째에 해당하는 당시의 침공 중에 그가 분석하고 예측한 중동 역내 국가들의 태도와 헤즈볼라의 대응, 이스라엘 사회의 극우화, 인구 밀집 지역에 대한 공격에서 탈출구를 찾으려는 이스라엘 점령군의 정

12 2005년 팔레스타인 시민 사회의 BDS 호소문, https://pal.or.kr/wp/bds-movement/.

책 등은 지금까지 이어지는 문제의 핵심을 꿰뚫는다.

다만 12월 19일에 작성한 7장에서 예견한 것과 달리 국제적 압력에도 불구하고 이스라엘군은 저강도 전쟁이라는 4차 국면으로 넘어가는 것을 지연시키는 데 성공했다. 2024년 2월 중순 현재 가자 북부는 저강도 전쟁에 돌입한 것으로 보이나 나머지 지역, 특히 남부는 집중 공격의 대상이 되고 있다. 조 바이든 미국 대통령은 사석에서 네타냐후 총리를 "멍청이"ass hole라 부르며 휴전에 응하지 않는 네타냐후가 자신에게 "지옥을 주고" 있다고 푸념했지만, 그럼에도 이스라엘을 전폭적으로 지원하는 것이 여전히 옳다며[13] 군사 원조금을 보내길 멈추지 않고 있다.

"요르단강부터 지중해까지"

미국은 중동 역내로의 확전을 원하지 않는다면서도 예멘과 이라크, 시리아로 폭격을 확대했고 또다시 민간인을 살해했다. 미국의 지원은 공모 수준을 넘어선 지 오래며 미국도 이 학살 전쟁의 주범이다. 앞서 2023년 10월에 예멘은 이스라엘이 가자 지구에 구호품을 반입시킬 때

13 https://www.nbcnews.com/news/investigations/biden-disparages-netanyahu-private-hasnt-changed-us-policy-israel-rcna138282.

까지 이스라엘에 드나드는 선박의 통과를 허용하지 않겠다며 홍해를 봉쇄했다. 인도적 구호품을 반입하도록 이스라엘을 압박하는 대신 미국과 영국은 연합군을 결성해 예멘을 폭격하고 있으며, 한국 정부에 동참을 요구하기도 했다. 이라크 저항 세력들도 가자 집단 학살에 맞서 공동 전선을 구성해 작년 10월부터 중동의 미군 기지를 공격해 왔다. 그러다 올 1월에 드론 공격으로 요르단의 미군 기지에서 미군 세 명을 살해했고, 연합군은 폭격의 강도를 높이며 언제든 확전할 수 있음을 시사했다.

2023년 12월 29일에는 남아프리카 공화국이 집단 학살 방지 협약 위반을 사유로 이스라엘을 국제 사법 재판소에 제소했다. 강대국들은 줄줄이 이스라엘이 집단 학살을 하고 있지 않다며 제3자로 개입하겠다고 선언했고 이 중에는 독일도 있었다. 나미비아에서 20세기의 첫 집단 학살을 자행한 독일의 선언에 반발하며 나미비아는 남아공 편에 섰다. 2024년 1월 26일, 국제 사법 재판소는 이스라엘에 집단 학살을 방지하라는 임시 조치 명령을 내렸다. 그 후 일주일간 이스라엘은 주민 1,045명을 살해했다.

이스라엘은 국제 사법 재판소의 판결을 축소할 목적으로 임시 조치 명령 다음 날에 날조된 뉴스를 퍼뜨렸다. 반격에 가담한 하마스 요원이 유엔 팔레스타인 구호 기관UNRWA[14]에 있다는 것이었다. 언제나처럼 하마스 대원을 고문해 알아냈다는 것 외에 어떤 증거도 제시하지 않았지만 UNRWA는 의혹이 제기되자마자 지목된 열두 명 중 사망자와 직원이 아닌 자를 제외한 아홉 명을 전원 해고했고, 미국과 영국 등 아홉 개 강대국은 24시간 내에 재정 지원을 중단하겠다고 선언했다. 강대국들의 연이은 지원 중단으로 UNRWA의 재정은 반토막이 났고, 이 나라들이 그토록 강조하던 '인도적 위기'는 오히려 심화되었다. 한 달 내로 명령 이행 내용을 재판소에 보고해야 하는 이스라엘은 피난민에게 인도적 지원을 하고 있다는 영상을 올렸다가 그것이 2022년 3월 몰도바에 지어진 우크라이나 난민을 위한 천막촌임이 밝혀지자 삭제했다.[15] 그리고 2월 12일에는 '하마스를 끝장내겠다'며 기존에 '안전 지대'로 지정했던 라파에 대규모 집중 폭격을 퍼붓기 시작했다. 라파에는 남쪽으로, 또다시 남쪽으로 가라는 강제 대피령에 따라 인구 절반이 넘는 150만 명

14 팔레스타인 난민은 유엔 난민 기구가 아닌 UNRWA의 지원을 받는다. 1948년 나크바 때 설립된 UNRWA는 팔레스타인인이라는 한 민족 집단만을 지원한다는 독특한 성격을 갖는다. UNRWA는 난민촌의 행정 복지만 관할하며 난민 문제의 정치적 해결을 가로막는다는 비판을 받아 왔으나 이스라엘은 유엔 기구조차도 하마스와 연계돼 있다고 근거 없이 주장한다.

15 https://twitter.com/QudsNen/status/1757183136205513096.

의 피난민이 밀집해 있다. 폭격에 더해 임박한 지상전이 불러올 피해가 이번 집단 학살 중에서도 특히 극심할 것이 예상되는 가운데 미국마저도 라파 공격 중단을 요구하고 나섰다.

라파에서의 대학살이 끝나면 아슈카르가 예견한 것처럼 이스라엘은 가자 전역에서 4차 국면으로 넘어갈지도 모른다. 그리고 이미 수차례 강제 이주를 겪으며 집을 잃은 90퍼센트의 주민이 이집트 시나이 반도로 쫓겨나 다시 난민이 될지도 모른다. 하마스 섬멸이라는 달성 불가능한 목표를 남겨 둔 채 네타냐후 총리가 실각할 수도 있지만, 이번 학살로 이스라엘 극우는 대이스라엘이라는 비전에 성큼 가까워졌다. 어쩌면 미국이 원하는 대로 전보다 한층 암울해진 현상 유지 상태로 돌아가 오슬로 각본이 실행될지도 모른다. 세계의 눈이 가자에서 다시 멀어지고, 점령이 76년간 지속돼 온 것처럼, 알-아크사 사원 침탈이 일상이 된 것처럼, 주기적 가자 침공이 '잔디 깎기'라는 연례 행사가 된 것처럼, 저강도 집단 학살이 반복되며 지루한 국제 뉴스가 될지도 모른다. 그럴 순 없다. 그래선 안 된다. 전 세계 시민 사회는 전례 없는 강도로 이스라엘과 강대국들을 압박해 식민 지배라는 근원을 끝장내야 한다. 우리는 한 인구 집단이 절멸당하는 모습을 실시간으로 지켜보고 있다. 상시적인 집단 학살의 위협에 처한 사람들을 두고 우리만 자유로워질 수 있을 리 없다. 팔레스타인 민중이 자결권을 행사할 수 있는 조건을 우리도 함께 만들어 나가야 한다. "요르단강부터 지중해까지" 팔레스타인이 해방되는 날은 결국 올 것이다.

마지막으로 번역어 선정에 관해 한마디 덧붙여 둔다. 독자들의 혼란을 막기 위해 1967년의 군사 점령을 가리킬 때 외에는 원문의 occupy를 '점령'이 아닌 다른 단어로 옮겼다. 또 withdraw가 2005년의 가자 지구 상황을 이를 경우 '병력과 정착촌을 철수'했다고 옮겼다. 가자 지구를 더는 점령하지 않고 있다는 이스라엘의 주장을 사실로 받아들이는 오류를 피하기 위해서다. 전 유엔 팔레스타인 인권 특별 보고관 마이클 링크Michael Lynk가 비유적으로 말했듯[16] 현재 가자 지구의 상황은 간수가 감옥의 열쇠를 전부 가지고 감옥을 떠난 것과 같다. 이스라엘 점령군은 1967년 이래 가자를 비롯한 팔레스타인 전역에서 한 번도 철수한 적이 없다. 이를 명확히 해 둔다.

2024년 2월 15일

16 https://www.aljazeera.com/news/2023/11/8/qa-former-un-expert-stresses-israels-occupation-of-gaza-never-ended.

이스라엘의 가자 학살

1판 1쇄 2024년 3월 1일 펴냄
1판 2쇄 2024년 6월 1일 펴냄

지은이 질베르 아슈카르. 옮긴이 팔레스타인 평화 연대.
펴낸곳 리시올. 펴낸이 김효진. 제작 상지사.

리시올. 출판등록 2016년 10월 4일 제2016-000050호.
주소 경기도 고양시 화신로 298, 802-1401.
전화 02-6085-1604. 팩스 02-6455-1604.
이메일 luciole.book@gmail.com.
블로그 playtime.blog.

ISBN 979-11-90292-24-5 03340